CUBE KID

TAGEBUCH EINES ~~NOOBS~~ SUPER-KRIEGERS

Published in the French language originally under the title:
Journal d'un ~~Noob~~ (super-guerrier) – volume 2

ISBN 979-1-0324-0015-9

Texte: Cube Kid
Illustrationen: Saboten
Layout: Axel Mahé

Übersetzung aus dem Französischen: Annette Ostländer
Lektorat: Christoph Eiden
Satz: ce redaktionsbüro
Redaktion: Franziska Funcke
Coveradaption: MWK, Köln

Gesamtherstellung: Ullmann Medien GmbH,
Rolandsecker Weg 30, 53619 Rheinbreitbach

ISBN 978-3-7415-2106-5

16 15 14 13 12 11 10 9

www.ullmannmedien.com

Für Lola Salines, die Herausgeberin dieser Buchreihe,
die bei den Attentaten von Paris
am 13. November 2015 ums Leben kam.
Danke, dass du an mich geglaubt hast.
Cube Kid

CUBE KID

TAGEBUCH EINES ~~NOOBS~~ SUPER-KRIEGERS

ULLMANN

DIENSTAG

Mein letzter Eintrag endete ziemlich spannend, nicht wahr?

Ich schrieb gerade: **„Oh, mein Notch! Ich höre Geräusche aus dem Monsterkäfig!!! Was soll ich tun?!"**

Und dann schrieb ich nichts mehr.

Bumm!!!

Ende. Aus.

Tut mir leid ...

Doch ich hatte einen **guten Grund.** Als ich das Geräusch hörte, ließ ich Tagebuch und Stift fallen ... Halt, das geht zu schnell. Zuerst einmal zeige ich euch einen Plan von unserem Haus.

Ich habe ihn extra gezeichnet, damit ihr die Ereignisse besser versteht.

Ja, so nett bin ich.

Zoomen wir mal ein bisschen, **wuuuUUh!**

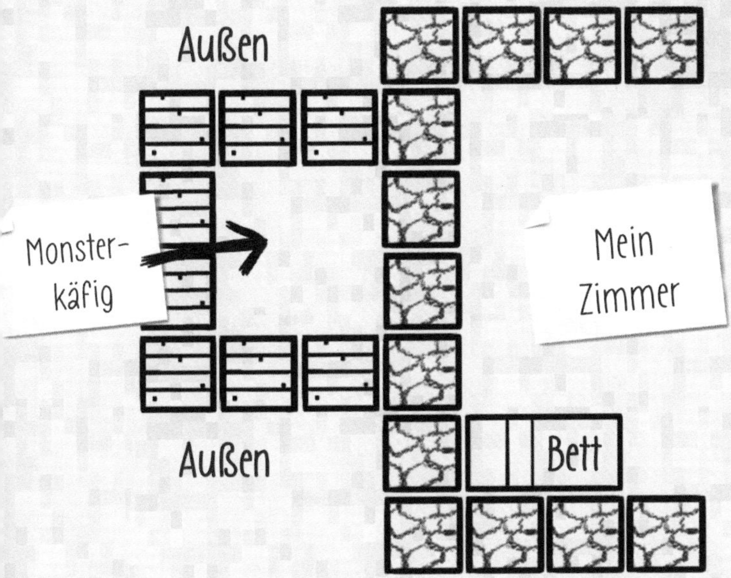

Gestern Abend saß ich auf meinem Bett, als ich plötzlich ein Geräusch aus dem Käfig vernahm. **Es war nicht sehr laut, nicht viel mehr als ein leises „Quiek".**

Zunächst hoffte ich, dass es aufhörte. Dann wurde mir allmählich klar, dass es nicht aufhören würde … **niemals.** Dieses Monster würde bis in alle **Ewigkeit** neben meinem Zimmer bleiben.

Mindestens aber so lange, bis jemand es herausließ.

Steve sollte dieser Jemand sein. Er ist unser Kampflehrer, und es ist höchste Zeit, dass ich mit ihm spreche. „Worüber?", fragt ihr?

Über meinen genialen Plan,
uns echte Monster zu besorgen!

Ich rannte zu ihm, aber er schien nicht mit mir reden zu wollen.

– Ich kann dir nichts über diese Bäume sagen. **Befehl des Bürgermeisters,** begrüßte er mich.

– Darum geht es nicht. Bitte komm mit und wirf einen Blick auf …

– **Nicht heute Abend,** Minus, ich verhungere gerade. Mein Magen knurrt, meine Hungerleiste ist so gut wie leer, und es fällt mir immer noch schwer zu verstehen, dass diese Hungerleiste in meinem unteren Blickfeld echt und nicht bloß eine Anzeige in einem Computerspiel ist.

– Habt ihr **auf der Erde denn keine Hungerleiste?**

– **Nein,** Minus, Menschen haben keine Hungerleiste. Sie haben gar keine Anzeigen in ihrem Blickfeld. Aber wo wir gerade über Essen reden … Möchtest du mit mir zu Abend essen?

Ich bemerkte das Pilzragout auf dem Tisch …

– **Neeeeeee.**

– Wirklich nicht?

– **Neeelin, neneneneneiin.**

Ich rannte aus dem Haus, bevor ich mich **übergeben musste.** Es blieb keine Zeit, mich zu verabschieden.

Gut,

Steve wird mir nicht helfen.

Mike ist zu beschäftigt mit seinem **Schloss-Haus.** Er hat mit dem Bau einer neuen Lava**falle** begonnen, die er **„Kreminator"** nennt. Das letzte Mal, als ich ihn gesehen habe, war sein Gesicht voller Redstonestaub.

Mastoc backt mit seinen Eltern. In seinem Gesicht tummeln sich alle möglichen Zutaten, die man für einen Kuchen braucht. Fragt mich nicht, wie er das geschafft hat. Ich möchte lieber nicht darüber nachdenken. Ich könnte auch Max fragen, aber vielleicht … **Nein, Minus, nein.** Doch irgendjemand muss diese blöde Tür öffnen, **oder?**

Ich fürchte, dieser Jemand

werde … ich sein.

Gut, natürlich könnte ich auch meinen Vater fragen, aber nur, wenn es sich nicht vermeiden lässt. **Nein, es ist meine Verantwortung.** Ich muss es ganz allein schaffen.

„Ich bin **mutig genug**", sage ich mir. „Um einem Monster zu begegnen? **Ganz allein? Kein Stress!** Meine erste richtige Herausforderung als Krieger, **super!**"

Wie kann ich das Monster nur überzeugen, mit mir zusammenzuarbeiten? Ich kann ja schlecht sagen: „Hallo, Herr Monster! **Geht's gut?** Danke fürs Erscheinen. Hätten Sie vielleicht die Güte, **ruhig zu bleiben** und sich wehrlos von einer Bande kleiner Jungs mit Holzschwertern niederschlagen zu lassen? **Ist doch ein netter Job,** der auch noch gut bezahlt wird. Wir geben Ihnen heilende Tränke und wenn Sie wieder fit sind, schlagen wir erneut zu. **Einfach genial, oder?**"

Hurrrggg

Lassen wir das, **so wird es nie funktionieren.** Ich muss ihm Angst machen, das ist alles. Ich bin wieder zu Hause angekommen, und versuche, **stark, hünenhaft, unbesiegbar** auszusehen.

Das Monster soll nach seiner Mama schreien, wenn es mich sieht. Es soll sofort kapieren, dass ich keinen Spaß verstehe.

Gut, einige von euch werden sicher denken, dass ich eher **etwas deprimiert wirke.**

Quatsch!

Ich habe meine Augenbrauen nur zusammengezogen, um meine Augen vor der Sonne zu schützen ... Das ist ein **geheimer Kriegertrick.** Und der Schweiß auf meiner Stirn? **Naja ...** ich schwitze schon mal im Voraus. So **zwinge ich meinen Körper,** sich vorher abzukühlen, weil es während des Kampfes ziemlich heiß wird. Ich bin **ganz blass?** So bin ich **ganz nach alter Ninjatechnik** vor der Steinwand hinter mir besser getarnt. Und mit meinen nach unten gezogenen Mundwinkeln ... bereite ich mich auf einen **super beeindruckenden** Schlachtruf vor.

Das ist alles.

Ein verängstigter Dorfbewohner, sagt ihr? **Wo denn?**

Ich sehe jedenfalls keinen.

Inzwischen habe ich mich mit meiner Steinhacke in der Hand der Zimmerwand genähert.

Aus Angst gesehen zu werden, möchte ich besser nicht vom Garten aus hineingehen. Wenn jemand vorbeikäme, würde er sehen, wie ich ein Loch **in mein eigenes Haus grabe** und das Monster in seinem Käfig sehen. Schon hätten wir wieder einen **„Zwischenfall"**.

Ich zittere am ganzen Körper. **Wirklich sehr praktisch!**

Ich beginne, auf die Steinmauer einzuschlagen, und jeder Schlag scheint Ewigkeiten zu dauern. Mein Herz pocht laut in meiner Brust. **Wahrscheinlich ist es nur ... die Aufregung!**

„Welche Art Monster wird es sein?", fragte ich mich. Dem Geräusch nach zu urteilen, könnte es ein **Babyghast** sein. Ich habe noch nie einen echten gesehen, immer nur von ihnen gelesen. Ich glaube, man trifft sie nur **im Nether.** Vielleicht gibt es aber auch gar keine Babyghasts, und ein ausgewachsener Ghast würde niemals an einen Ort wie diesen kommen.

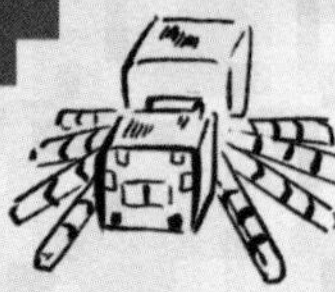

Mmmmh. Es wird wahrscheinlich eine Spinne sein, hab allerdings noch nie gehört, dass Spinnen derartige Geräusche machen. **Wenn es ... eine Höhlenspinne ist?** Max hat einmal erzählt, dass man beim Anblick einer Höhlenspinne so schnell wie möglich wegrennen und dabei so laut brüllen sollte wie ein Enderman in den Tiefen eines Meeresbioms. Er hat noch behauptet, Höhlenspinnen seien fast **genauso gefährlich wie geladene Creeper,** und sollte man das Pech haben, ihnen zu begegnen, sei man gut beraten, einen Eimer Milch dabei zu haben, um die Vergiftungen heilen zu können. Er sagte auch, solche Spinnen seien

mega ...
mega ...
giftig.

Ich hörte auf zu graben. **Doch Vorsicht!** Nicht etwa, weil ich Angst hatte. **Ehrlich**, wer hat schon Angst vor so einem bisschen Gift, das deine Lebensleiste auf ein halbes Herz reduziert, sodass du kaum noch dem **Angriff eines einbeinigen Huhns** standhalten könntest. So ein bisschen Gift, das dich vor Schmerzen schwitzen lässt? **Wer hat denn vor so etwas Angst? Ich nicht.**

Ich habe eben nur Durst. Aus einem unerfindlichen Grund hatte ich das **Bedürfnis** nach einem großen Eimer Milch. Also ließ ich alles stehen und ging in die Küche.

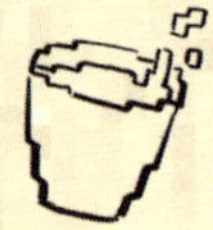

Ich habe mir sogar **zwei** Eimer mitgenommen. Ich stellte sie beide in meinem Zimmer neben mich auf den Boden. Ich nahm die Hacke in die eine Hand und hielt die andere, für den Fall, dass ich wieder Durst bekommen sollte, ganz nah an den zweiten Milcheimer. Versteht ihr?

Dann **habe ich wieder angefangen zu graben.**

Die ganze Zeit über hielt ich einen Eimer **nah an meinen Mund,** leicht geneigt … Man bekommt schließlich einen **Megadurst** beim Graben! Der erste Block zerbröselte. **Ich zog mein Schwert,** obwohl ich schon gar kein Quieken mehr hörte. In dem kleinen Raum hinter der Wand war es **totenstill.** Welche Kreatur auch immer dort sein mochte, sie schien auf mich zu warten.

Ich zerstörte den Block darüber
und **zog mein Schwert erneut.**

Immer noch nichts.

Ich war vorbereitet, hatte meine Waffe, meine Milch ... aber es war nichts zu hören. **Dann erstürmte ich** den Raum. Endlich würde ich sehen können, was sich darin befand ... **Heimlich** hoffte ich auf **etwas Cooles oder Verrücktes,** auf etwas wie den **Kaka-Heuler** oder **Mungo, den Allmächtigen.** Irgendsowas Verrücktes eben!

Warum nicht **eine Zombiekuh?**
Eine Zombiekuh wäre wirklich **mega cool!**

Aber **leider** war es keine Zombiekuh.

Es war ...

Ein Schleim!

Ein Babyschleim!!!

Ich habe noch nie **einen kleineren** gesehen. Als er mich sah, hat der kleine **Feigling** leise gequiekt. **Das ist bitter!**

Dabei hatte ich doch wenigstens auf **einen Zombie** oder **ein Skelett** gehofft, jedenfalls auf irgendetwas Großes, gegen das wir lernen könnten zu kämpfen. Naja ... diesen Schleim würde ich wohl mit einem **Hieb meiner Hacke** loswerden. Keiner wusste, dass ich ein Monster ins Dorf gelockt hatte. Meine Eltern würden **ohnehin ausflippen** und sagen, der Kleine **macht nur Ärger.** Vielleicht würden sie auch auf die

Idee kommen, **den Bürgermeister zu informieren.** Wäre es da nicht besser, so zu tun, als wäre nichts gewesen? Niemand weiß etwas.

Ich könnte das alles jetzt sofort beenden. Bimm! Bamm! Bumm!

Ende des Projekts **„Gratismonster"**.

Und **vor allen Dingen** besäße ich dann **einen Schleimball.**

Fest entschlossen erhob ich meine Hacke. Doch irgendetwas hielt mich zurück, die Idee bis zum bitteren Ende auszuführen. Es war echt **seltsam,** aber dieser Babyschleim … **war irgendwie gar nicht böse.** Er sprang mich nicht an und schien … ja, er schien Angst zu haben. Zitternd drückte er sich in die Ecke, und **er quiekte so niedlich.** 

Wer könnte so grausam sein, ihn zu töten? Sollten denn die ganzen Anstrengungen, ein Monster zu fangen, umsonst gewesen sein?

Mission beendet!

Natürlich war er nicht so ein furchterregendes Ding wie ein Zombie, aber vielleicht könnte er für uns doch noch nützlich werden? Man könnte ihn zum Beispiel für wissenschaftliche Zwecke erforschen …

Kurz … **Ich halte mir jetzt ein Monster. Basta!**

Ich habe ihm **ein Stück Brot** gegeben, das er in zwei Sekunden verschlang. Sofort war **ich sein bester Freund** *(naja, ein bisschen hat es schon gedauert, er musste erst einmal ein Bäuerchen machen).*
Ich sollte ihn als **mein Versuchskaninchen** bezeichnen, was meint ihr? Hört sich cooler an als **„Haustier"**. Ich könnte **ein Labor** aus meinem Zimmer machen. Mit Mastoc als meinem Assistenten könnten wir geheime Experimente an diesem armen Monster durchführen.
Kann es **lachen?** Muss es **schlafen? Erschrickt es,** wenn man ihm Grimassen schneidet? Wird es schließlich **ein eigenes Tagebuch schreiben: Tagebuch eines bipolaren Babyschleims?**

Nein! Nein! **Nein!** Mein Babyschleim wird in keine Schleimschule gehen, **niemals!** Er wird ein **höfliches** und **gut erzogenes** Monster und ein **angesehener Bürger** von **Minecraftia** werden.

Ein echter **Gentleman-Schleim.**

Ich werde ihn **Jello** nennen.

Vor ein paar Tagen erzählte mir Steve, dass **die Erdenbewohner etwas sehr Schleimähnliches essen.** Es heißt **„Gelatine"**, einige sagen **„Jell-o"** dazu. Das klingt doch wirklich gut.

Natürlich muss ich irgendwann einmal mit Steve über **Jello** reden. Aber jetzt habe ich erstmal meine Doppeltruhe für den kleinen Schleim geleert. Schließlich braucht er ja ein ... **Bett? Häuschen? Käfig?** So genau weiß ich das nicht.

Ich habe ihn hineingeschubst und ein paar Minuten abgewartet, damit er sich beruhigt. Er gewöhnte sich schnell daran, in der Truhe eingeschlossen zu sein.

– Sitz! Steh! Rumdrehen! Bravo!

Und jetzt teile dich in viele kleine Schleime!

Babys können das ja gar nicht, Mist !!!

MITTWOCH

Gut, jetzt habe ich ein **Haus-Kuschel-Babyschleim-Tier.** Es gibt übrigens immer mehr Bäume am Horizont. **Juchuu!** Wirklich faszinierend. Die Leute sind offensichtlich verwirrt, aber sie sagen nichts. **ABSOLUT GAR NICHTS!**

Allerdings ist es schon sehr seltsam.

Steve will mir immer noch nicht erklären, was an diesen Bäumen so **Besonderes** ist.

Warum sind sie **so wichtig?**

Es handelt sich doch nur um einen **riesigen** und **kostenlosen Vorrat an Holz,** der sich unserem Dorf nähert. Eigentlich würde ich es fast **für eine gute Sache** halten. Die Holzfäller müssten doch froh sein. Sie müssen nicht mehr zum Holz gehen, jetzt kommt das Holz zu ihnen! Können **den ganzen Tag chillen,** sich mit Zitronenkuchen vollstopfen und darauf warten, dass die Bäume zu ihnen kommen, um gefällt zu werden.

Das ist doch ...
der **leichteste Beruf**
der Welt. Jawohl!

Aus der Schule kommen zurzeit **keine schlechten Nachrichten.** Es gibt zwar noch keine **„offizielle"** Rangliste, aber alle wissen ziemlich genau, wer zu den **Top 10** gehört. Nach flüchtigen Blicken auf die Register der Mitschüler und regem Informationsaustausch vermuten wir die folgende Reihenfolge:

- **Max** (natürlich)
- **Minus** (sehr erfreulich)
- ???
- **Pierre** *(Max meint, wir sollten auf ihn aufpassen)*
- **Roussin**

- Sap
- Mastoc *(mein bester Freund!)*
- Pic
- Sarabella *(gehört zu meiner Clique)*
- Strass

Doch es tut sich **ein echtes Mysterium** auf. Bis jetzt dachten alle, dass **Pierre auf dem dritten Platz** der Rangliste steht. Doch dann hat jemand gehört, wie die Lehrer sich nach dem Unterricht darüber unterhielten, dass **Pierre auf den vierten** und nicht auf den dritten Platz gehört. Aber niemand hat einen höheren Score als Pierre, Max oder ich. **Das ist wirklich seltsam!** Natürlich gibt es einige, die aus ihrem Score ein riesiges Geheimnis machen und keinen auf ihr Register blicken lassen.

Wer könnte es sein? Frez?

Nee ... laut Max ist er ziemlich weit unten.

Doch wer ist diese **Person X,** die kurz davor steht, mich einzuholen?

Warum bloß habe ich sie oder ihn bisher nicht bemerkt?

Übrigens **scheint Jello krank** zu sein. Ich habe ihn Mastoc gezeigt, und er hat ihm **ein Stück Kuchen** gegeben. Jello hat es sofort verschlungen, als wäre es nur ein Brotkrümel. Doch **dann wurde er neongrün und noch schleimiger** als sonst.

Ich glaube, ich habe etwas gelernt.

Vielleicht sind Schleime ... Diabetiker?

Er bekommt jetzt nur noch Brot. Das ist sicherer.

DONNERSTAG

Heute haben die Lehrer **ein offizielles Lehrbuch** ausgeteilt. Es ist **offensichtlich brandneu** und heißt

Die Goldenen Regeln des Kampfes.

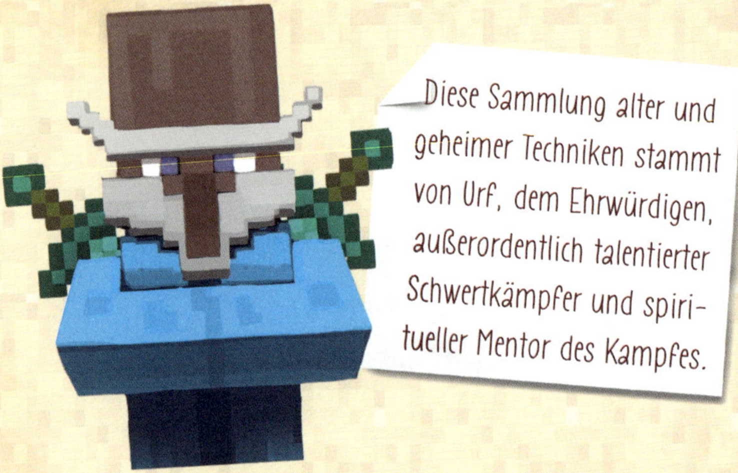

Er hat zwei Diamantschwerter auf dem Rücken. **Soll das etwa seriös sein?** Oh, Mann, das ist echt voll übertrieben. **Dieser alte Urf,** der es noch nicht einmal geschafft hat, einen Zombie **mit einem Stock** zu töten.

Dieses Handbuch ist eine Sammlung der **noobischsten** Ratschläge **aller Zeiten.** Doch alle Schüler müssen es lesen, weil die Alten glauben, es enthielte **hyperwichtige Tricks.** Ich werde hier mal einige Stellen für euch zitieren *(jede Goldene Regel ist eine kleine Fabel, damit wir die Botschaft besser verstehen):*

GOLDENE REGEL #1

BAUT EUCH IMMER EINE TÜR

Es war einmal der Noob Lenny, der niemals Türen einbaute. Türen langweilten Lenny. Türen machten Lenny langsam. Jedes Mal musste Lenny die Türen öffnen und danach schließen. Ohne Türen konnte Lenny sein Haus nach Belieben verlassen und betreten, ohne Zeit zu verlieren. Eines Nachts sah sich Lenny unvermittelt einer Gruppe von Zombies gegenüber, die in sein Haus gekommen waren und die Arme nach ihm ausstreckten.

„IHR SEID GEKOMMEN, UM TEE ZU TRINKEN?" OH NEIN, LENNY, SIE WOLLTEN KEINEN TEE. ICH WIEDERHOLE, SIE WOLLTEN KEINEN TEE.

Ernsthaft?

Wer hat jemals den Sinn von Türen bezweifelt?

Sehr eigenartig, dass dieser **„Lenny"** auch noch genauso aussieht wie **Steve.** Offensichtlich wollte **Urf** sich bei Steve rächen, weil der seinen Platz als **Kampflehrer** eingenommen hatte.

GOLDENE REGEL #3
HALTET EUER INVENTAR IN ORDNUNG

Es war einmal ein mächtiger und mutiger Krieger namens Axtnoob. Ungeachtet seines Namens war Axtnoob kein Noob, sondern der kühnste Krieger seiner Zeit. Niemand war mit der Axt so geschickt wie er. Was immer ihm in den Weg kam, ob Monster, Sträucher oder Blumen, er haute und hackte alles um. So füllte sich sein Inventar nach und nach mit Blumen, Samen und verschiedenen anderen Gegenständen, bis er schließlich ganz verrückt wurde.

DER GRÖSSTE KRIEGER VON MINECRAFTIA, DER EINE SPINNE MIT EINEM EINZIGEN AXTHIEB ZWEITEILEN KONNTE, STARB ... DURCH BLUMEN.

Auch hier hat Urf versucht, Steve in die Geschichte einzubringen. **Doch dieses Mal musste ich Urf sogar Recht geben.** Früher sollte ich für meine Eltern immer Samen sammeln, manchmal schicken sie mich heute noch. Nach einigen Stunden ist es dann immer **die Hölle,** wieder Ordnung in mein Inventar zu bringen.

GOLDENE REGEL #15

LASS DEINE PILZZUCHT NIEMALS OHNE FACKELN ALLEIN

Vor langer Zeit lebte an einem entfernten Ort ein einfacher und armer Noob namens Hans. Eines Tages wollte er nachsehen, wie weit seine Pilzzucht gediehen war. Als er die Tür öffnete, sah er viele rote Pilze, aber in einiger Entfernung auch scharlachrote Lichter in der Dunkelheit etwas weiter entfernt. Weil er ein Noob war, hielt er die Lichter für spezielle, leuchtende Pilze. Voller Freude betrat Hans den kleinen, dunklen Raum, um all seine Pilze zu ernten.

DIE CHAMPIGNONS WAREN GEKOCHT! **OH JE!**

GOLDENE REGEL #17

GRABE NIEMALS STEINE MIT BLOSSEN HÄNDEN AUS

Es war einmal ein Noob mit Namen Steven. Er sammelte Holz mit bloßen Händen, weil er die Verwendung von Werkzeugen für eine Verschwendung von Rohstoffen hielt. Warum sollte er seine guten Werkzeuge aus Holz verschleißen? Wozu brauchte man überhaupt eine Axt? Seine Hände waren mehr als ausreichend und sie nutzten sich niemals ab. Es dauerte zwar länger, einen Baum zu fällen, aber Steven konnte den ganzen Tag Holz hauen, ohne müde zu werden und dabei auch noch wertvolles Holz einsparen. Steven gehörte zu den Personen, die einen Stock und zwei Holzbretter nicht für ein Holzschwert eintauschen wollten, auch wenn er damit sechsmal schneller wäre.

Eines Tages kauften sich Steven und zwei seiner Freunde einen Kuchen. Er kostete 6 Smaragde und war in 6 Stücke geschnitten. Also musste jeder 2 Smaragde geben. Doch eines von Stevens Stücken war etwas kleiner, also wollte er auch nur 1,75 Smaragde dafür zahlen.

Kurzum, Steven war ein Geizkragen, ein knickeriger, raffgieriger Pfennigfuchser. Er war der Dagobert Duck von Minecraftia, dem nur noch der Zylinder und die riesigen Lager mit Goldtalern fehlten. Ja, genau, er war diese griesgrämige Ente in Menschengestalt.

Eines Tages begann Steven, nach Rohstoffen zu graben. Warum sollte er eine Hacke herstellen, wenn seine Fäuste ebenso gut in den Stein schlagen konnten? Und so tat er es dann auch.

‚NUN HAUE ICH SCHON 30 MINUTEN AUF DEN STEIN UND BALD BIN ICH AUCH MIT DIESEM STEINBLOCK FERTIG. AH! AH! BUMM! WAS IST DAS?! HE! WO IST MEIN STEIN HIN?‘

Mmmmh... Diese Figur ist Steve sehr ähnlich und heißt Steven.

Zufall? **Wohl kaum!**

Urf unterdrückt seine Eifersucht auf Steve nicht mehr. Er versucht es noch nicht einmal.

Wir haben verstanden, Urf, er hat dir den Job weggenommen!

GOLDENE REGEL #22

ERKENNE DIE GEHEIMNISSE DEINER ANGEL

Vor langer Zeit lebte Bob in einem sehr, sehr fernen Land (etwa 18 972 Blöcke von hier). Bob liebte das Angeln. Bob liebte das Angeln sehr.

Bob liebte das Angeln sehr, sehr, sehr, sehr, sehr, sehr, sehr, sehr, sehr, sehr, sehr, sehr, sehr.

Er liebte das Angeln so sehr, dass er es im Nether versuchen wollte.

Mitten im Nether, umgeben von Lavaseen angeln? Bob sah da keinerlei Probleme. Wer weiß? Vielleicht könnte er einen monströsen Fisch aus der Hölle ziehen? Er hatte ja keine Ahnung. Auch von anderen Dingen wusste Bob nicht viel. Er wusste nur, dass er es liebte zu angeln. Vielleicht ahnte er, dass es in diesen Seen keine Fische gab, aber weil er ein Idiot war, ging er trotzdem zum Angeln in den Nether.

Natürlich hatte Bob keine Chance und nichts biss an. Also versuchte er, einen Ghast zu fangen, um nicht mit leeren Händen zurückzukehren.

ES HÄTTE EINE GUTE IDEE SEIN KÖNNEN, HÄTTE BOB DEN GHAST MIT EINEM SCHWERTHIEB GETÖTET. DIESE GEHEIME TECHNIK STAMMT VON URF, DEM EHRWÜRDIGEN.

Geheime Technik?

Mir fehlen die Worte!

Hier kurz zusammengefasst das Ende der Geschichte: Aus einer Entfernung von etwa zwei Blöcken schleuderte der Ghast einen Feuerball auf Bob, der nichts dagegen tun konnte. Bob verendete gurgelnd.

Ende.

Seht ihr,

dieses Buch ist sehr nützlich,

oder?

Das **Beste** *(oder Schlechteste)* zum Schluss: **die Goldene Regel Nr. 31.**

Es gibt keine Fabel, noch nicht einmal Text.

Da ist nur die Zeichnung von einer Seerose.

Ich ... ich weiß nicht, was ich sagen oder denken soll.

Aber dann gab es heute doch noch einen Höhepunkt. **Steve** hat uns **im Kampfkurs** einen **voll coolen Trick** erklärt: Er hat uns gezeigt, wie man sich an **eine Leiter hängt.** So kann man unter seinen Füßen graben, ohne jemals zu fallen. Man muss sich **nur hinhocken und an den Sprossen festhalten.**

Steve scheint zu schweben. Daran erkennt man den wahren Profi.

FREITAG

Was für ein **übler Tag!**

Üü-bel.

Ich sah, wie **Pierre und Max** sich nach unserem Craftingkurs **unterhielten.** Plötzlich **riss** Pierre Max das Register aus den Händen, **zerrriss** es in tausend Stücke und **warf es auf den Boden.**

– Nun ist es aus **mit dem ersten Platz**, sagte Pierre zu Max. Von wegen der Beste! Was ist bloß mit **dem Genie** passiert?

Pierres Freunde, **Sap und Roussin, zertrampelten** die Reste des Registers. Wie bereits erwähnt, sind alle drei sehr gut und **nur knapp hinter Max und mir.** In Kampf und in Bergbau haben sie uns so gut wie eingeholt.

Seltsamerweise blieb Max ganz ruhig. Er stand einfach da, **sagte nichts.**

– Wolltest du noch etwas **sagen?**, fragte Pierre.

Roussin grinste hämisch.

– Tja, schade um das Register, was? Du kannst ja nach Hause gehen und **eine blöde Geschichte** darüber schreiben.

Ich konnte es kaum glauben. Lange Zeit hatte ich Max für einen Schlägertyp gehalten. Doch jetzt stellten sich seine Kumpels als die **wahren Schlägertypen** heraus.

Mittlerweile waren sie zu einer **Bande von Halsabschneidern** geworden. Max hatte mich gewarnt. Sie wussten, dass das Schuljahr zu Ende ging, und **sie wollten unter die Top 5.** Der Konkurrenzkampf in diesem Jahr war **völlig irre.**

Pierre **schlug Max auf die Schulter** und murmelte ihm etwas zu. Ich spitzte meine Ohren, um ihn zu verstehen:

– An deiner Stelle **würde ich mich** am Tag des Bergbautests **krank melden.** Es wäre jammerschade, wenn dir **etwas geschehen** würde.

Max sagte nichts, sondern starrte nur auf **die Fetzen seines Registers** auf dem Boden. **Es wurde Zeit, dass ich eingriff.** Ich ging auf Max zu und stellte mich neben ihn.

– Die Alten haben gesagt, dass es zwischen dem Anstieg des Meeresspiegels und dem Abtauen der Eisflächen einen Zusammenhang gäbe. Ich glaube, es wird eher am Sturzbach von Pierres Tränen liegen, wenn er in der nächsten Prüfung **durchfallen** wird.

Pierre machte ein Gesicht wie **ein Creeper.**

Ups, ich hätte vielleicht besser schweigen sollen ...

– **Packt ihn! Packt ihn!** Der hat mir gerade noch gefehlt!

Sap und Roussin stürzten sich auf mich, packten mich am Hals und **entrissen mir mein Register.**

Sofort **zerriss Pierre es in kleine Stücke,** so klein, dass jedes Stück nur noch **einen Buchstabne oder eine Ziffer enthielt.**

Alles ging so schnell!

Es war, als hätten sie mir **einen Teil meines Körpers** abgerissen. Ich **fing tatsächlich an zu weinen.** Die ganze Arbeit umsonst … *(zumindest, bis ich ausreichend Smaragde aufgetrieben habe, um ein neues Register zu bezahlen. Blöde Bande von Brutalos!)*

Sie **lachten** und zogen ab.

…

Ich blickte auf die kleinen **violetten Partikel.** Sie lösten sich in leuchtend violetten Staub auf … Die Verzauberung des Registers entschwand, wie vom Winde verweht, **puff …**

Ich sah, wie Max die verbliebenen Stücke seines Registers einsammelte. Als würde das etwas ändern. **Es war unbrauchbar.**

– Du hattest Recht. **Sie haben es auf uns abgesehen.**

– Yep, antwortete Max. Ich habe dich gewarnt, **dass es übel wird.**

– Was können wir machen?

– Gar nichts.

– **Gut ...** und unsere Register? Wir gehen **zum Schulleiter** und kaufen uns neue. Morgen halten wir sie Pierre unter die Nase. Er wird neidisch auf uns sein, weil sie so schön und leuchtend sind. Anschließend darf er sich dann über unsere Scores beklagen.

– **Pfff!** Hast du denn die Neuigkeit noch nicht gehört? Sie sind mega teuer geworden. **Fünfzig Smaragde!** Was glaubst du denn, warum sie sie zerrissen haben?

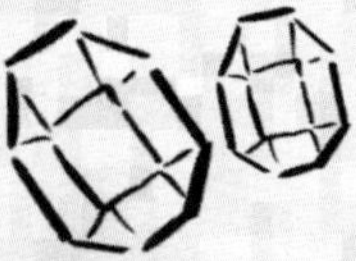

Was?!

Fünfzig Smaragde?!

Das ist bitter!

Wie soll ich 50 Smaragde auftreiben?

– Was ist mit deinen Eltern? Ich dachte, **ihr wärt reich.** Können sie uns nicht ... **etwas leihen?**

– Tut mir leid, Minus, aber nach der Sache mit der Hacke **haben sie mir den Geldhahn zugedreht. Ich bin pleite.** Sie zahlen noch nicht einmal mehr mein Frühstück. Frez teilt seins mit mir.

– ...

– ...

– **Wir müssen uns rächen!**

Er ließ die Einzelteile seines Registers in die Tasche seiner Robe gleiten. Sie diente ihm als Inventar.

– **Ich mache Schluss,** sagte Max. Ich muss mich etwas ausruhen. Ich will sowieso **Bibliothekar** werden. All diese Anstrengungen, um Krieger zu werden ... **Ehrlich,** es ist doch nicht wert, sein Leben dafür zu riskieren. **Du siehst ja, wie recht ich hatte!** Sein Vater wird die Prüfung manipulieren. Ich weiß zwar nicht, wie, aber es wird uns erwischen.

– **Sein Vater?** Wie soll er das denn anstellen?

Max warf mir einen kalten Blick zu.

– **Du kapierst echt nichts, Alter.** Pierres Familie hat hier eine lange Geschichte – und Kontakte. Sein Vater ist **eng mit dem Bürgermeister und den meisten Alten befreundet.** Außerdem ist er der **Bergbauchef.** Wenn die Schule also eine Prüfung in Bergbau abhalten will, was glaubst du wohl, wen sie um Rat fragen?

– ... Pierres Vater?

– **Exakt.** Vermutlich wird er ihnen einen Bereich mit Kies und Sand empfehlen. Also **supergefährlich.** So weiß er, wo sie stattfinden wird, und wird diese Informationen an Pierre weitergeben.

Das hatte Max vor ein paar Tagen schon gesagt ... Er sprach von einem **„Einsturz".** Eine ganze Schicht aus Sand und Kies könnte auf jemanden fallen, **ihn begraben und ersticken ... Hurrrggg.**

Das war alles **sehr beunruhigend.**

Neuerdings zerrissen **stämmige Brutalos** die Register der Schüler.

Mächtige Familien zogen die Fäden im Dorf.

Der Bürgermeister und die Alten sagten absolut nichts über die Bäume am Dorfrand.

Die Monster waren nicht wieder gekommen, seitdem Steve und Mike sie verjagt hatten.

Urplötzlich öffnete ich meinen Mund, und es kam etwas heraus, von dem ich nie gedacht hätte, es jemals zu sagen.

– Und wenn wir zusammenarbeiten?

Meine Worte **schockten** Max fast so sehr wie mich selbst.

Er nahm seine Brille ab und sagte:

– Wa ... was?!

– Du hast dich oft **über mich lustig gemacht und mir übel mitgespielt,** aber ... ich glaube, ich fände keine Ruhe, wenn diese Typen zu Kriegern würden. **Sie sind schlimmer als die Monster!**

Du hast Recht, es wird uns erwischen. **Also müssen wir zusammenhalten.**

- Bist du dir da sicher?

- **Yep.** Wenn du aber wieder so wirst wie früher, werden Mastoc und ich dir so lange im Nacken sitzen, bis du auf dem 150. Platz bist. **Verstanden?**

- Beruhige dich. Keine miesen Tricks mehr, **versprochen!**

Er machte eine Pause, als würde er nachdenken, und sagte dann:

- Ich glaube, ich habe eine Idee.

- Was für eine Idee, **hurgg?**

- Gib mir etwas Zeit, ich weiß noch nicht, ob es funktioniert. Versuch übers Wochenende, **so viel Sand wie möglich zu sammeln.** Wir sprechen uns nächsten Freitag.

- Sand?

- Vertrau mir!

Mmmmh ...

Es ist schwer, Max zu vertrauen.

Aber ich brauche ihn.

Und er **braucht mich.**

SAMSTAG

In dieser Woche habe ich nicht schlecht gearbeitet und **brauchte heute eine Pause,** um den **Kopf frei zu bekommen,** vor allem nach den gestrigen Ereignissen. Also ging ich im Park spazieren. **Allein.** Ja, wir haben einen Park, sozusagen **ein Wald mitten im Dorf.** Die Leute gehen hier zwar spazieren, doch er dient nicht nur der Erholung, sondern wird auch **landwirtschaftlich genutzt.**

Hier kann man **Holz sammeln,** ohne das Dorf verlassen zu müssen. Zur Freude derjenigen, **die gerne färben,** wachsen hier auch viele Blumen.

Vor langer Zeit kam **ein fremder Noob** hierher, um seine Rüstung rot zu färben. Er begriff schnell, dass unsere Welt ein wenig anders ist als das Computerspiel, denn …

seine Rüstung wurde rosa.

Nach einem halbstündigen Spaziergang befand ich mich tief im Wald und genoss die **Ruhe** und **Schönheit** der Landschaft.

Ich verspürte den Wunsch, mir meine Scores anzusehen … es ist mittlerweile zu einer Sucht geworden, allerdings war mein Register nicht in meiner Tasche.

Fünfzig Smaragde … Wie soll ich jemals so viel auftreiben?

Vielleicht könnte ich ja **Jello verkaufen?**

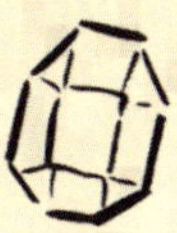

Es gibt da einen alten Mann, der vielleicht an einem so **„exotischen"** Gefährten interessiert wäre …

Plötzlich überkam mich **ein komisches Gefühl.** Kennt ihr das, wenn man glaubt, beobachtet zu werden? **Ja, so ging es mir.** Kurz darauf bemerkte ich im Augenwinkel eine Art Schatten. **Voll schräg.**

Dann war er wieder weg …

Sofort dachte ich an den **mysteriösen Dorfcreeper,** der **wie ein Ninja** zwischen den Häusern umherschlich. **Na toll!** Das hatte mir wirklich gerade noch gefehlt. Gestern **hat mich dieses Lumpenpack abgezogen** und heute spaziere ich allein durch einen Park voller Bäume und werde von einem Creeper verfolgt.

Das nervt!!!

Ein Geräusch hinter mir ließ mich aufhorchen. **Ich drehte mich blitzartig um** … aber da war nichts. Nur der schöne und stille Wald. Was ging hier ab? **Hatte ich Halluzinationen?** Das musste der Stress sein. Ich schüttelte den Kopf und rieb mir die Augen. Als ich sie wieder öffnete, **stand ein junges Mädchen direkt vor mir.**

Es war **Alice.** Ich kenne sie aus der Schule, aber wir haben nicht viele Kurse zusammen. Sie ist ziemlich **schüchtern** und hält sich lieber im Hintergrund. Aber sie gehörte zu den Schülern, die mir nach **meinen geglückten Prüfungen in Architektur und Handel** viele Fragen gestellt hatten. Sie **lächelte** mich an, als ich sie sah. Fantasielos lächelte ich zurück. Mehr fiel mir heute nicht ein. Was wollte sie, **was?** Warum ist sie mir gefolgt?

Es war ein wenig verwirrend.

– Ich habe dich in den letzten Tagen nicht gesehen, sagte sie. **Was hast du getrieben?**

Ääh … jaaa. Sie tat so, als wären wir **beste Freunde …**

– Ich habe heute **viel zu tun,** antwortete ich. Ich kann dir also nicht helfen.

– **Das sagst du immer,** antwortete sie kalt.

Du machst aber gar nicht den Eindruck, beschäftigt zu sein. **Na, los! Komm mit! Wir gehen uns amüsieren!**

– **Ääh ...** nein danke.

– Was ist los mit dir? **Du wirkst deprimiert.**

Ich hatte nicht vor, ihr zu erzählen, was gestern passiert war. Bisher habe ich nur zwei oder drei Mal in meinem Leben mit ihr gesprochen und das auch nur, um ihr irgendetwas wie dieses zu sagen: **„Tja ... ich kann dir bei den Hausaufgaben nicht helfen ... möglicherweise werde ich morgen krank sein."**

Allerdings hatte ich gehört, dass sie ebenso wie Max aus einer **reichen Familie** stammt. Ihre Eltern sind Bergarbeiter und wahrscheinlich haben sie den **ganzen Keller voller Diamanten.** Ich könnte mir ein paar Smaragde von ihr leihen und ... **nein, nein.** Ich will einem Mädchen, dass ich kaum kenne, **nichts schuldig** sein.

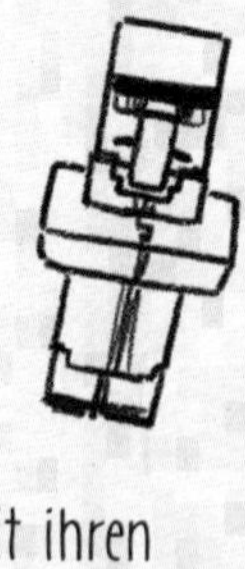

– Ich möchte einfach nur meine Ruhe haben. **Geht das?**

Sie nickte und verschwand schnell **zwischen den Bäumen.** Mit ihren schwarzen Klamotten hätte man sie **fast für einen Schatten** halten können. Ich glaubte, **Tränen in ihren Augen** gesehen zu haben. Oder habe ich das alles etwa nur geträumt?

Was hat sie **für ein Problem?** Allmählich wurde mir klar, dass ich sie in letzter Zeit öfter gesehen habe, beim Metzger, in der Nähe des Brunnens und auf dem Flur in der Schule. Aber immer nur von Weitem. **Sie beobachtet mich.**

Sehr seltsam. Warum nur **verfolgt sie mich?**

Pfff.

Ich habe meine Schaufel ausgepackt und einen halben Stapel Sand in nur 30 Minuten gesammelt.

SONNTAG

Mein Sonntag war komplett **verplant.**

1) **Jello füttern.**
2) **Steve und Mike an ihrem freien Tag auf die Nerven gehen!**

Ich gab Jello einen Laib Brot, packte mir meine Schaufel und verließ das Haus *(mit etwas Glück verhielt der Schleim sich ruhig, und meine Eltern würden mein neues Haustier nicht entdecken).*

Bis zu **Steve** brauchte ich nur ein paar Minuten. Auch Mike war gerade dort. Er saß am Tisch und schien **ziemlich genervt** oder zumindest **nicht sehr zufrieden** zu sein.

Steve beugte sich gerade über einen Ofen und schien angestrengt über irgendetwas nachzudenken.

– Hey! Kumpels! **Was macht der Wald?**

Eine solche Frage ersetzt inzwischen die üblichen Fragen zur Begrüßung wie „**Was macht das Wetter?, Wie geht's?**", seitdem der seltsame Wald im Osten aufgetaucht ist. Es war wirklich nur eine Höflichkeitsfloskel, **ganz ehrlich!** Ich wollte die beiden in keiner Weise aushorchen oder ihnen ihre Geheimnisse entlocken. Leider aber haben sie es missverstanden und **mich böse angefunkelt.**

– Wir dürfen dir nichts Neues sagen, schimpfte Mike. Also **hör auf zu bohren,** Junge!

– Nicht so schlimm, sagte ich. Ich habe ja **auch Geheimnisse!**

Steve hob den Kopf.

– Was für Geheimnisse?

– **Och, nichts Besonderes,** aber ganz bestimmt interessanter als irgendwelche blöden Bäume.

Mike grinste.

– Du kannst es eh nicht für dich behalten.

Plötzlich **schlug** Steve auf den Ofen ein.

– Ich kann nicht aufhören, an **Pizza** zu denken. **Salami. Käse.** Oh, was würde ich alles für ein paar **Oliven** geben!

– Ich mag keine Oliven, sagte Mike.

Ich blickte von einem zum anderen.

– Wovon redet ihr, **hurrrggg?**

Mike sah mich mitleidig an, als würde ich ohnehin nichts kapieren, selbst wenn sie versuchen würden, es mir zu erklären. Steve dagegen ignorierte meine Frage. **Er war irgendwie nervös.**

– Diese Monster sind **clever ...** Sie kriegen uns schon noch klein ... Sie machen uns Angst ... Wir schließen uns im Dorf ein ... Das Essen wird knapp ...

Es folgte **eine quälend lange Pause,** bevor Steve weitersprach.

– Jeden Tag essen wir Brot, Brot und noch mehr Brot. Wenn wir Glück haben, gibt es auch einmal Steak mit Kartoffeln. **Ich bin es leid!**

– Und ich bin es leid, **dir zuzuhören**, erwiderte Mike.

Steve ging zur Werkbank, auf der etwa **eine Tonne** Nahrungsmittel gestapelt waren.

– **Pizza,** schwärmte Steve. **Pizza?** Glaubst du, es wäre möglich, wenn wir ein Rezept dafür mit einem Brotlaib erfinden würden …?

Mike **blickte genervt an die Decke.**

– Mann, wir haben keine Tomaten, also haben wir auch **keine Tomatensauce.**

– Vielleicht **Burritos?**

– Kein Mehl, also keine **Tortillas.**

Ich hörte schweigend zu und **verstand nichts,** während sie über eine Liste von Zutaten sprachen, von denen ich noch nie etwas gehört hatte.

– Vielleicht ein **Omelette?** Wir haben **Eier** und **Pilze**!

Dieses Mal schloss Mike die Augen.

– Wir haben es schon einmal versucht, **erinnerst du dich?** Wir haben es in allen Kombinationen versucht. Eier mit Eiern. Eier mit Milch. Eier mit Pilzen. Sogar Eier mit Kartoffeln.

– Ein Kartoffelomelette? Wer soll das essen? **Äh! Warte!** Ich würde es gern essen!

– Du machst mich ganz verrückt, **hör auf!**

– Was wäre denn mit Käse?

– Nein.

– Butter?

– Wir haben schon fünf Eimer Milch verbraucht, **ohne Erfolg.**

Die Verzweiflung in Steves Stimme tat weh, als er sagte:

– **Ein Kuchen ... mit Äpfeln?**

– Das könnte gehen, sagte Mike und zuckte mit den Schultern, schließlich gibt es Äpfel, Kürbisse und Kürbiskuchen.

Aber ...

– Keinen Apfelkuchen? **Und auch keinen Toast!** Wir können noch nicht einmal trockenes, geröstetes Brot essen! Wir haben Brotlaibe, **oder etwa nicht?** Aber die Öfen grillen kein Brot und die Schwerter schneiden es nicht in Scheiben. Ganz egal, was ich versuche, am Ende habe ich immer **nur Krümel!**

Es wurde unangenehm still ...
Ich warf Mike **einen beunruhigten Blick** zu.

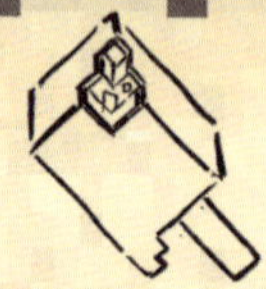

Steve **rieb** sich das Kinn.

– Es gibt allerdings **Eiscreme** in mehreren Geschmacksrichtungen. Aber keine davon mag ich. **Was ist das für eine Welt?!**

Mike erhob sich von seinem „Stuhl" und blickte aus dem Fenster.

– Das ist **die Welt von Minecraft**.

– Du meinst, ich soll aufgeben? Niemals! Dann baue ich eben einen **Redstone**roboter.

– Was soll der ... machen, Steve?

– Essen kochen. **Tag und Nacht.** Ich werde so lange bunt durcheinandergewürfelte Zutaten in die Werkbank legen, bis er ein neues Rezept ausspuckt.

– Das ist **absolut lächerlich.** Selbst **Marky** würde das nicht schaffen, **und er ist ein Genie!**

Steves Mine **hellte sich auf.**

– **Aber ja!** Marky! Wenn Marky doch nur hier wäre! Er weiß bestimmt, **wie man eine Pizza macht!**

– Er ist nicht hier, Steve, akzeptiere das! Solange wir keine Möglichkeit gefunden haben, auf die **Erde** zurückzukehren, müssen wir uns mit Brot und Kartoffeln begnügen.

– Ich werde einem Golem beibringen, für mich zu kochen!

– **Nie im Leben.**

– Doch! Er wird für mich kochen, während ich schlafe!

Mike brummte und Steve lachte.

– Heute: Pizza Vier Jahreszeiten, **bitte schön!**

... **Na gut.**

Wie ihr euch denken könnt, bin ich nicht mehr allzu lange geblieben. Aber immerhin hatte ich dann doch kapiert, worum es ging. Steve vermisste **das irdische Essen,** wie beispielsweise **Pizza** oder **Hamburger.** Ich habe so etwas noch nie gegessen, scheint aber **wohl sehr lecker** zu sein. Allerdings verstehe ich nicht, was er gegen unsere Eiscreme hat? Vielleicht hat er ja mal **das Eis mit Creepersplittern** gegessen?

Das schmeckt echt **scheußlich.**

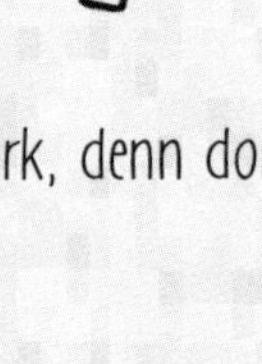

Anschließend ging ich mit Mastoc wieder in den Park, denn dort trifft man auch unseren Eisverkäufer.

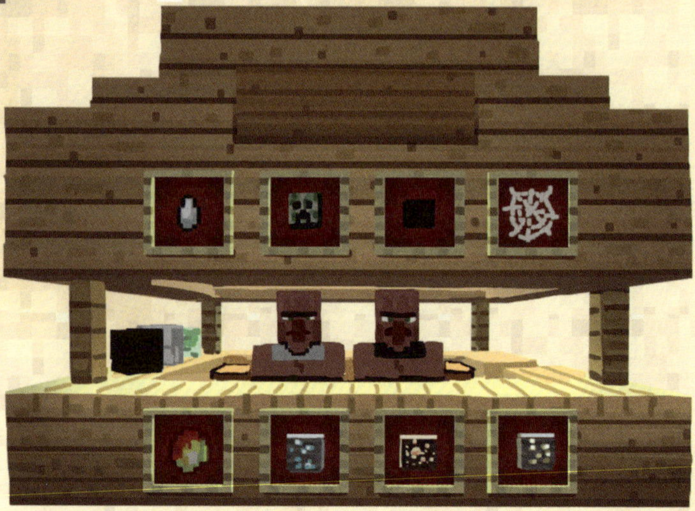

Während wir am Eisstand standen,
beschlich mich wieder dieses merkwürdige Gefühl,
beobachtet zu werden. Aber ich sah niemanden.

MONTAG

Liebes Tagebuch, du bist mir wirklich sehr wichtig. Aber ich fürchte, dich wird **dasselbe Schicksal ereilen wie mein Register.** In tausend Stücke zerfetzt, wird der Wind dich in alle Richtungen tragen.

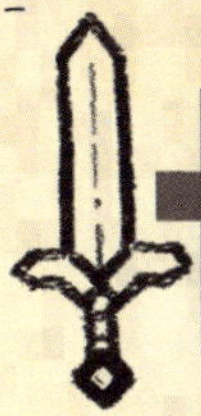

Pierre und seine Freunde haben mich heute schon wieder **abgezogen.** Sie wollten mir mein Schwert und sogar die Smaragde für mein Frühstück abnehmen. **Gut,** sie haben **nichts bekommen,** weil **Urf** um die Ecke kam, bevor sie mich bestehlen konnten. Aber es wird wieder passieren, ist nur eine Frage der Zeit.

Was kann ich nur tun?

Sie sind zu dritt und **viel stärker** als ich.

Mastoc hat versucht, **mir zu helfen,** obwohl ich es ihm verboten hatte. Er ist bestimmt der Nächste auf ihrer Liste. Obwohl er nur auf dem **siebten Platz** steht, ist er eine Bedrohung für sie.

Viel schlimmer noch: Pic hat sich ihnen angeschlossen. Er hat wahrscheinlich beobachtet, wie sie mich quälten, und hält es für klüger, sich auf die Seite der **Sieger** zu schlagen. Es gibt also nun eine richtige Lagerbildung unter den besten Schülern ... das **Team Minus** oder das **Team Pierre.** Man kann sich leicht denken, welches **das bessere** sein wird.

Wenig später sah ich **Sara und Roussin** spazieren gehen. Sie wirkte **schuldbewusst.** Nach dem Kurs kam sie plötzlich zu mir und sagte:

– Es tut mir leid. Wenn ... wenn ich weiter mit dir rede, werden sie auch mich **demütigen.** Ich versuche nur, nicht aufzufallen. Ich will schließlich **die Schule schaffen!**

Ich senkte meinen Blick.

– Ja, **kein Problem.**

– Wir sind doch immer noch Freunde, oder?

– Ja ...

Ich verstehe. Ich bin nicht Pierre.

Das Team **Minus** hat keine Chance.

DIENSTAG

Ich habe mein Tagebuch heute Morgen nicht mitgenommen. Ich habe **gar nichts mitgenommen.** Nur eine **Karotte** zum Frühstück.

Eine Karotte. **Nicht zwei.**
Nicht eine Karotte und einen Apfel.
Nur eine Karotte.
Jetzt habe ich Hunger.

Nur zu! Schlagt mich windelweich! **Bedient euch!** Nehmt alles, was ihr in meinem Inventar findet!

Genau das war auch der Plan von Pierre und seiner Bande.

Gib uns deine Karotte!!!

Als sie mich dann packten, **nahm** ich die Karotte **heraus** und biss kräftig hinein. Sie versuchten tatsächlich, mir **das einzige, was ich zum Frühstück hatte,** abzunehmen. Aber ich ließ mich nicht unterkriegen. Karottenstücke flogen durch die Luft.

– Die Karotte, **schnell!**

– **Packt sie!**

Bevor sie auch nur ein Stück an sich reißen konnten, schlang ich sie herunter.

– **Was für ein Noob!**, rief Pierre.

Ich lachte.

Es war nur ein **kleiner Sieg,** aber es war einer. Heute würden sie mir nichts mehr tun können. Ich hatte **vor ihren Augen** meine Karotte gegessen. Mehr war eigentlich überhaupt nicht passiert.

„Was für ein Noob", hörte ich **Steve** sagen.

MITTWOCH

Diese komischen Geräusche ... **kommen aus meinem Mund.** Das Team Pierre war gekommen, um mir zu sagen, dass sie heute nichts von mir wollten ... Dass sie mir **sogar etwas geben** wollten. Es war **ein Kürbis,**
sie setzten ihn mir auf den Kopf.

– **Tja,** dann mach mal was! **Du bist ein Kürbiszombie,** du **Mikrobe!** Und der Kampfunterricht kann beginnen!

BLA!
BLA!
BLA!

Heute habe ich **nicht viel Lust** zu schreiben.

Aber ... ich ... werde ... mich ... **rächen!**

Ich werde nicht aufgeben. Schließlich **gibt es ja noch Max.**

Ich wüsste nur zu gern, wie
seine geniale Idee aussieht.

DONNERSTAG

– Du isst doch so gern, **nicht wahr?**

– Kannst du denn auch **einen ganzen** Kuchen essen?

Das war mein heutiger Tag **in der Zusammenfassung.** Dabei war es noch nicht einmal ihr eigener Kuchen gewesen. Mastoc hatte ihn im Craftingkurs gebacken.

Max!

Ich flehe dich an!

Beeil dich!

FREITAG

Heute hat Pierre **mir nichts getan.** Sicherlich lag das nur an diesem **Gerücht,** das sich in der Schule ... oder, besser gesagt, **im ganzen Dorf** verbreitete. Angeblich war **ein Enderman** gesehen worden, ein freundlicher, wohlgemerkt, der handeln wollte. Er war auf der Suche nach einem Trank der **„Wasserresistenz"**, einem Trank also, der nicht vor dem Ertrinken, sondern **vor Wasser schützen** soll. Davon habe ich noch nie gehört und die meisten anderen auch nicht. Aber ... das muss natürlich nicht heißen, dass es ihn nicht gibt.

Doch jetzt kommt der Knüller.

Der Enderman bot **500 Smaragde** für einen Stapel dieses Tranks. **Fünfhundert Smaragde.** Offensichtlich war er steinreich. **Natürlich** war im Dorf sofort der Teufel los. Das bekamen **sogar die Jüngsten** mit.

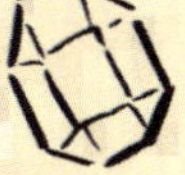

- Wir müssen **einen Weg finden,** diesen Trank herzustellen.
- Der Trank muss unbedingt fertig sein, bevor der Enderman wiederkommt.
- Mit all diesen Smaragden könnte ich mir **ein verzaubertes Diamentschwert** kaufen.

Yep. Vergessen war die Geschichte **mit den Bäumen.** Alle sprachen nur noch von dem Enderman, der durch die Welten gereist war und offensichtlich **Berufsschwimmer** werden wollte. **Des Pudels Kern aber** ist, dass Wasser einen Endeman verbrennt, **als wäre es Säure.** Endermen vertragen noch nicht einmal Regen. Also stellt euch vor, sie würden durch das Meer schwimmen!

Aber ein Trank der Wasserresistenz könnte sie schützen ... **vielleicht.**

SAMSTAG

Das Gerede wurde immer doller. So mancher träumte schon vom großen Glück und all den Smaragden, die ihm gehören würden, sobald er den Trank erfunden hätte.

Auch Alice sprach mich an. Sie nutzte jede Gelegenheit, um mit mir zu reden. **Was genau ist ihr Problem?**

Dann traf ich Max. Er entschuldigte sich für die Verspätung. Zwei Jungen standen in unserer Nähe und laberten über den Enderman. Max **lächelte mich verschwörerisch an.**

Plötzlich kapierte ich es. **Er** hatte das Gerücht in die Welt gesetzt. Also war **nichts** davon wahr. Der Enderman, der um alle vier Ecken der Welt gereist war, war nur eine weitere geniale **Erfindung von Max.**

Wie der Kaka-Heuler.

Das also war sein Plan: Alle werden nun Tränke herstellen und so lange **experimentieren**, bis sie einen Trank gefunden haben, der vor Wasser schützt. Und was braucht man dazu? **Leere Flaschen.**

Max ist überall im Dorf rumgerannt und hat **Sand eingesammelt. Den ganzen Sand.** Ich dagegen habe mir den Sand aus dem Park geholt. **75 Prozent des gesamten Sands im Dorf** war jetzt in unserem Besitz, zumindest von dem Teil, an den man leicht herankam. Sobald den Erwachsenen die Flaschen **ausgingen,** würden sie uns um unsere Flaschen anflehen, und wir würden **sie ihnen verkaufen … zu unserem Preis!**

Ich muss zugeben, **der Plan war genial.**

Gelobt sei Max!

SONNTAG

Ich habe das Lehrbuch der **Goldenen Regeln vom ehrwürdigen Urf** zu Ende gelesen. Am Ende gibt es einen Ausblick auf den nächsten Band:

Das ultimative und legendäre Lehrbuch

DIE MONSTER
HASSEN ES!

DIE GEHEIMSTEN KAMPFMITTEL EINES KRIEGERS, MIT DENEN ER JEDES MONSTER BESIEGT.

LEST HIER DIE GRÖSSTEN GEHEIMNISSE, DIE REGIERUNG UND NINJAS VOR EUCH VERSTECKEN!

DAS ULTIMATIVE UND LEGENDÄRE LEHRBUCH IST BEREITS IN SIEBEN DÖRFERN VERBOTEN.

‚BEVOR DIESES LEHRBUCH ERSCHIEN, HATTE MAN ALS SKELETT EIN LEICHTES LEBEN. DOCH JETZT WENDE ICH MICH AN EUCH, LIEBE MONSTERFREUNDE: WENN IHR EINEN NOOB TREFFT, DER DIESES LEHRBUCH BESITZT … LAUFT WEG, SO SCHNELL IHR KÖNNT!'

IHR WOLLT KEIN NOOB MEHR SEIN??

IHR WOLLT KÄMPFEN WIE EIN PRO? LEST DIESE VORSCHAU AUF DAS ULTIMATIVE UND LEGENDÄRE LEHRBUCH VON URF.

ULTIMATIVER GEHEIMTIPP #1

BEKÄMPFT EIN MONSTER MIT EINEM SCHWERT

Es war einmal ein Noob mit Namen Mike Meganoob. Er war fast so ein Noob wie Steve von Noob, Bürgermeister von Noobtown. Mike war so ein Noob, dass er noch nicht einmal ein Schwert besaß. Er hielt einen Stock für ebenso effizient. Doch das war er nicht.

„MMMH. VIELLEICHT BRAUCHT MEIN STOCK EINE VERZAUBERUNG."

ULTIMATIVER GEHEIMTIPP #2

SELBST MUNGO HAT ANGST

VOR DEM ULTIMATIVEN UND LEGENDÄREN LEHRBUCH

„MUNGO ANGST.

BUCH VON URF MACHT KLEINE NOOBS ALLMÄCHTIG.

ALSO WIRD MUNGO BESSER BAUER.

MUNGO TRAURIG.

MUNGO MAG KEINE PFLANZEN.

MUNGO MAG NICHTS ORANGEFARBENES.

ER MAG AUCH NICHTS BRAUNES.

ABER ES IST LEICHTER, BRAUNES ZU ESSEN ALS KLEINE NOOBS. BUCH VON URF MACHT KLEINE NOOBS BÖSE. O.K., TSCHÜSS."

ULTIMATIVER GEHEIMTIPP #3

URF IST VIEL COOLER ALS STEVE

„Am Anfang wusste ich nichts. Ich habe tatsächlich versucht, einen Creeper zu umarmen, weil er so traurig aussah, da dachte ich, er bräuchte etwas Zärtlichkeit. Aber das passiert mir heute nicht mehr. Ich habe das ultimative und legendäre Lehrbuch gelesen und bin nun Kampflehrer. Urf hat mir alles beigebracht und dafür werde ich ihm immer dankbar sein. Eines Tages möchte ich so cool werden wie er. Auch wenn ich weiß, dass es unmöglich ist."

STEVE

Oh, wei! Hier ist wieder Minus.

Meine erste Reaktion auf diesen Werbetext war:

– **WAS?!** Das hat Steve nie gesagt. **Urf hat alles erfunden!**

Hurrrggg. Urf sollte sich besser in Acht nehmen. Wenn Steve das liest – und das wird er irgendwann – **expodiert er.** Die Explosion wird so heftig sein wie die eines ganzen **Berges voller TNT** … bevölkert mit ganzen Horden von **Creepern.**

Berg Bumm.

Aber warum nur lasse ich mich hier über **Urf** aus und den **Berg Bumm?** Heute war **ein großer Tag!** Lasst es mich euch erzählen. Für die, die auf den letzten Seiten eingeschlafen sind, fasse ich kurz die Ereignisse zusammen, die zum heutigen Tag geführt haben:

1) In der vergangenen Woche hat Pierre **mein Register zerrissen.**
2) Max und ich brauchen **50 Smaragde,** um uns neue Register zu kaufen.
3) Max hat einen **genialen Plan** ausgeheckt, um diese Summe aufzubringen.

Ganz einfach, nicht wahr? Und das ist der Plan:

1) Max hat eine Lügengeschichte über einen Enderman verbreitet, der Berufsschwimmer werden möchte. Dieser Enderman war angeblich bereit, **500 Smaragde** für einen Trank der Wasserresistenz zu bezahlen.
2) Danach wurden alle Leute **verrückt,** auch die Schüler. Jeder versuchte, **einen solchen Trank zu erfinden.** Die Jungen löcherten den Alchemielehrer mit ihren Fragen. Wie wird er hergestellt? Was ist die geheime Zutat? Und so weiter.

(Der Alchemielehrer war so genervt, dass er heute gar nicht erst zur Schule gekommen ist).

3) Max und ich haben **fast den ganzen Sand** im Dorf eingesammelt. *(Man braucht Sand, um Glas herzustellen. Aus dem Glas stellt man Flaschen her, die man dann für die Tränke benötigt.)*

4) Gestern haben wir stundenlang **Flaschen** hergestellt.

5) Wir haben einen **Verkaufsstand** gebaut, und da sind wir jetzt.

Mastoc gesellte sich zu uns. Er wollte zwar keine Flaschen verkaufen, brachte aber **haufenweise Kuchen** mit. Leider hat er nicht sehr viele davon verkauft.

Schon in der ersten Stunde nach der Eröffnung kamen **so viele Kunden,** dass unsere **Frühstückspause ausfallen** musste. Wir hätten uns eh nur die Kuchen von Mastoc in den Mund schieben können *(unsere Inventare waren randvoll mit Flaschen, wir hatten gar kein Frühstück mitgenommen).*

Schon in der ersten Stunde waren drei Personen mit **je einem Stapel** Flaschen abgezogen. Der dritte hatte nur einen ganzen Stapel gekauft, weil die beiden anderen es vorgemacht hatten. So verdienten wir **21 Smaragde** in nur einer Stunde. Viele standen um unserem Stand und versuchten, die Preise herunterzuhandeln.

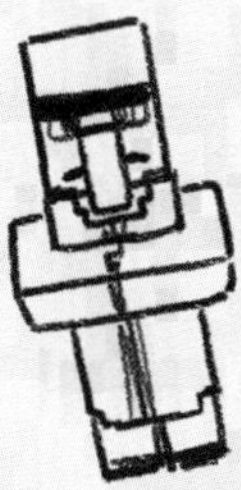

Einmal Dorfbewohner,
immer Dorfbewohner,
Da kann man nichts machen.

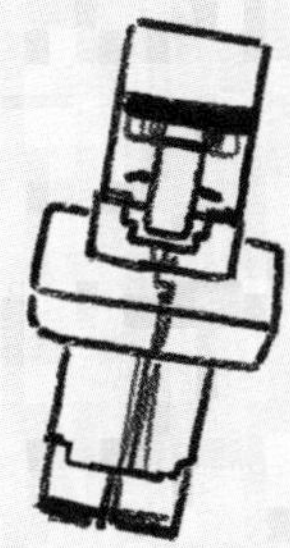

Schon die ganze Zeit über hatte ich das Gefühl, **beobachtet zu werden.** Eigentlich **seltsam,** denn schließlich ist es an einem solchen Stand ja normal, dass mich Leute ansehen. Warum also hatte ich dieses Gefühl? Noch war ich mir sicher, dass wir bald die **100 Smaragde,** die wir brauchten, eingenommen haben würden. Leider aber läuft in meinem Leben meist etwas schief, und auch heute sollte es keine Ausnahme geben.

Ganz aus der Nähe hörte ich **jemanden rufen**.

– Flaschen von **bester Qualität!**

Nur **6 Smaragde** pro Stapel! **Solange der Vorrat reicht!**

Es war **Pierre.** Die Massen stürmten an seinen Stand, schubsten und rempelten sich dabei gegenseitig an. Pierre zwinkerte mir zu.

Urg !!!

Dieser Nachmacher! Sein Stand war viel kleiner als unserer! Er hat uns alles nachgemacht … nur: Sein **Preis war etwas niedriger**.

Kaka-Heuler-Rabatt! Ich schrieb unser Schild neu!

FLASCHEN
5 SMARAGDE
PRO STAPEL

Bumm!!!

Jetzt werden wir ja sehen, wer hier die Preise diktiert, dachte ich.

Doch Pierre reagierte sofort und ging auf **4 Smaragde** pro Stapel runter.

FLASCHEN
4 SMARAGDE
PRO STAPEL

Also gingen wir **auf 3.**

Und er **auf 2** …

Es war ein echter Preiskrieg. Am Ende verlangten wir nur noch **1** Smaragd pro Stapel. Weniger ging ja nicht. Pierre würde unseren Preis übernehmen und wir müssten uns die Kunden mit ihm teilen.

Aber die Rotznase ging weiter runter. **Unglaublich!**

FLASCHEN GRATIS

Gratis?!
Meint der das ernst?!

Ich wollte nur noch **hurrgg-gen!**

Ja, ich spürte es schon im Hals.

OKAY

Bleib ruhig.

Bleib rUUUig.

Ich blieb so lange stehen, bis mir die **Lust zum Hurrgg-gen** vergangen war. Dann kam mir eine Idee. Sie **durchfuhr** mich wie ein Blitz, der in ein Schwein einschlägt und es in einen Schweinezombie verwandelt. Nur, dass ich kein Schweinezombie bin, nicht einmal ein Schwein. **Gaaah,** ich fass mich kurz.

Hier meine Idee: Vor Kurzem ist es mir gelungen, einen Blick auf **Pierres Register** zu werfen. **Nun kenne ich seine Schwachstelle.** Sein Score im Handwerkskurs ist voll niedrig. Das Brauen von Tränken ist aber wichtiger Teil des Handwerks. Deshalb wird er bestimmt keine guten Tränke brauen können. **„Ja, und?"**, werdet ihr jetzt sicher fragen.

Ihr werdet es **sehr bald** verstehen.

Ich drehte mich zu meinen Freunden um und sagte:

– Max, geh **den Braustand** aus der Schule holen. Mastoc, du läufst zu mir und holst **zwei Netherwarzen, zwei Hasenpfoten** und **einen Eimer Wasser. Ach ja,** und **eine Handvoll Glowstonestaub.**

Die beiden glotzten sich verständnislos an und sahen dann wieder mich an. *(Hätte ich sie zu einer Pyjamaparty im Nether eingeladen, wäre ihr Gesichtsausdruck nicht anders gewesen.)*

– **Was?!**

– **Warum?!**

– Weil es an der Zeit ist, der Konkurrenz **eine Lektion zu erteilen.** Und vergiss den Glowstonestaub nicht!

Sie nickten und machten sich auf den Weg.

Ich verließ unseren Stand und begab mich **mitten** in die Menschenmenge.

– Guten Tag zusammen, ich bitte um einen Augenblick Aufmerksamkeit. Ich glaube, es gibt nur eine Möglichkeit festzustellen, wer die besseren Flaschen verkauft ...

Ein **Wettbewerb** in Alchemie!!!

Die meisten blickten mich **genauso verwirrt** an, wie Max und Mastoc es kurz zuvor getan hatten.

– Ein Wettkampf in Alchemie?

– **Was?**

– Es ist wie der Wettbewerb um den **schönsten Kaktus ...** nur mit Tränken. **Ein Wettstreit, sozusagen.**

Lautes Gemurmel machte sich in der Menge breit. Aufgeregte Ausrufe. **Gelächter.** Einige **applaudierten** sogar.

Pierre verzog das Gesicht, verließ seinen Stand und ließ seine Kunden stehen, um sich neben mich zu stellen.

– Also, wie ich höre, willst du ein **alchemistisches Duell? Ach!** Dummerweise hast du deinen Braustand vergessen!

Er wandte sich an die Menge.

– Minus möchte ein Duell in Alchemie, aber er hat **keinen Braustand!** Wollt ihr eure Flaschen wirklich bei **diesem Noob** kaufen?

Einige Dorfbewohner lachten hämisch. Andere rieben sich das Kinn.

– Ha, **ha**.

Mit einem Braustand in der Hand tauchte Max hinter Pierre auf. Er muss **super schnell** gerannt sein.

Er stellte den Braustand zwischen mich und Pierre. Ich grinste ihn an.

– **Was sagst du jetzt?**

Pierre begann zu schwitzen.

– **Mmh ... Äääh ... Gut, aber ...** du brauchst mehr als nur einen Braustand! Was ist mit den **Zutaten?** Oder willst du **unsichtbare** Tränke brauen?

Er erntete lautes Gelächter.

Grrrrr. Wer zuletzt lacht, lacht am besten. Wenn mein Plan funktioniert, wird Pierre zum **Gespött der ganzen Schule.**

Einige Sekunden später erschien Mastoc mit **allen Zutaten** und einem Eimer Wasser. Er sagte: „**Bitte schön, Chef!**"

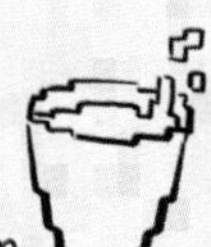

Pierre **schluckte** schwer.

Schließlich war er eine **Null** in Alchemie. Ich dagegen habe in den Kursen immer aufgepasst und kannte einige Rezepturen.

– Ich würde sagen, **jetzt geht es um alles,** sagte ich und schaute Pierre dabei direkt in **die Augen.**

Der kleine Schläger **wischte sich über die Stirn.**

– **Ein** ... einverstanden. **A ... aber** hast du keine Angst, dass du dich vor allen lächerlich machst?

– **Kein Stück!**, antwortete ich.

Mastoc übergab mir die Zutaten und ich reichte eine Hasenpfote und eine Netherwarze weiter an Pierre. Mastoc **grub ein Loch** und goss das Wasser hinein.

Ich wandte mich an die Menge:

„Der Wettbewerb beginnt."

Von links nach rechts: Mastoc, Minus, Max und Pierre. Hurrrggg. Dieses Gefühl, beobachtet zu werden ...

Unter lautem Stimmengewirr wich die Menge etwas zurück, um uns ein wenig Platz zu machen.

Ich hielt **eine leere Flasche** über meinen Kopf.

– Wir werden die Qualität **unserer Flaschen prüfen,** indem wir einen **Trank der Sprungkraft** brauen. Anschließend werden wir unser Gebräu trinken, und **wer am höchsten springt ...**

Natürlich macht ein qualitativ hochwertigeres Glas noch lange **keinen besseren Trank.** Um dies zu erreichen, benötigt man **spezielle Zutaten,** wie **Redstonestaub** oder **Glowstonestaub.**

Es sollte ja auch nur ein **Bluff** sein.

Aber keiner in der Menge merkte etwas. Sie haben eben im Alchemiekurs nie aufgepasst, jedenfalls nicht so gut wie ich. Vielleicht hatten einige auch ihre Zweifel, sicher aber waren sie sich nicht. Außerdem war Mastoc da, und da er einen **sehr hohen** Craftingscore hat, **vertrauten** die Leute ihm. In Alchemiedingen stellten alle ihm immer viele Fragen.

Pierre ging zum Braustand.

– **Schau genau hin,** Junge.

Er nahm eine seiner Flaschen, füllte sie mit Wasser und stellte mit einer Netherwarze einen Basistrank her, aus dem er mit der **Hasenpfote** einen **Trank der Sprungkraft** braute.

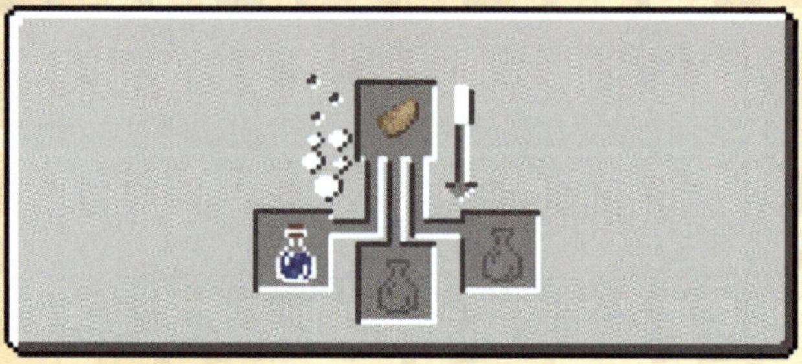

Gluck, **gluck**, machte der Braustand und schließlich hielt Pierre **triumphierend** seinen Trank in die Luft.

Er erntete etwas **Applaus** und einige **verblüffte Ausrufe** der jüngeren Zuschauer. Wahrscheinlich war es **das erste Mal,** das sie einen Zaubertrank sahen.

– **Wow!**

– **Cool!**

– Er schimmert und leuchtet!

Ich stieß Mastoc mit dem Ellbogen an.

– Ey! flüsterte ich. **Gib mir den Staub!**

– Ach ja, stimmt!

Mastoc ließ **eine Prise** Glowstonestaub in meine Hand gleiten. Glücklicherweise war Pierre so sehr mit **seiner Ansprache** beschäftigt, dass er gar nicht **bemerkte,** was vor sich ging.

– **Habt ihr das gesehen?** Dies sind die **besten** Flaschen im Dorf! Vergesst diese **Noobs!** Kauft meine Flaschen, damit ihr euch nicht vergeblich mit der Alchemie beschäftigt!

Alle Augen waren auf **ihn gerichtet**. So konnte ich ein wenig Glowstonestaub zugeben, ohne dass irgendjemand etwas bemerkte.

Nach einigen Sekunden hatte ich einen …

Trank der Sprungkraft II.

Mit einem solchen Trank kann man wie ein Schleim **in alle Richtungen** springen und hüpfen.

Ich werde viel höher springen können als Pierre, denn er hat ja nur einen **Standardtrank.**

Zugegeben, **ich habe geschummelt.** Aber wisst ihr was? **Er hat es verdient.** Außerdem würde es mich wundern, wenn die Monster, die das nächste Mal nachts an unsere Tür klopfen, **sich an Regeln halten würden** ...

Die Menge wurde immer lauter. Sie wollten, dass wir endlich **unsere Tränke in einem Zug herunterspülten.** Pierre trank als erster, warf dann seine Flasche auf den Boden und starrte mich an.

– **Jetzt du, du Noob!**

Ich **machte es ihm nach.** Mir wurde sofort **schlecht**, so als hätte ich zu schnell zu viel Eis gegessen. Pierre sprang in die Luft. Sein Sprung war **um einen halben Block** höher als normal.

– Nun, Junge, **wie hoch kommst du?**

Ich lächelte und antwortete, bevor ich sprang:

– Ich komme so hoch, dass ich **einen neuen Rekord** aufstelle.

– Ha, ha ... das werden wir ja sehen.

– Auf drei. Eins, zwei, **dr ... WOUAAAaaaaaaaaaaaaaaah ...**

(Meine „drei" artete zum Schrei einer gequälten Katze aus.)

Ich sprang wirklich hoch. Richtig **super hoch.** Eigentlich war es mehr ein **„Flug"** als ein **„Sprung"**.

Ich muss zugeben, **ich war wie gelähmt.** Gelähmt und **perplex.** Warum sprang ich so hoch? **Ein Trank der Sprungkraft II** sollte mich anderthalb Blöcke höher springen lassen ... **nicht hundert.**

Und plötzlich sah ich ihn. **Den Wald.**

Eigentlich war er in den letzten Tagen **nicht viel näher gekommen.** Von hier oben aber bemerkte ich zum ersten Mal wie **immens** groß er wirklich war. Riesengroße Schwarzeichen, **so weit das Auge reichte. Bewegte sich** da etwas? **Etwas sehr Großes? ...** Ich habe nur einen kurzen Augenblick lang etwas gesehen, bevor die Bäume mir die Sicht versperrten.

Vielleicht habe ich es nur geträumt?

Ich durfte mich nicht ablenken lassen, sondern musste mich auf meine aktuelle Aufgabe konzentrieren: **überleben.** Mir war aufgefallen, dass ich meinen Trank nicht mit Federfall verzaubert hatte. Das hätte es mir ermöglicht, meinen Aufprall zu überleben. Also musste ich etwas suchen, wo **ich weich landen** konnte, ein Schwimmbad, einen Fluss, **egal, was.** Zufällig fehlte der Deckel bei einem unserer **Brunnen.** Vielleicht war er gerade in der Reparatur, oder ein Noob war durchs Dorf geschlichen und hatte ihn mitgenommen ... Mir schien dies eine **bessere Wahl** zu sein, als einfach mitten auf das Feld zu krachen.

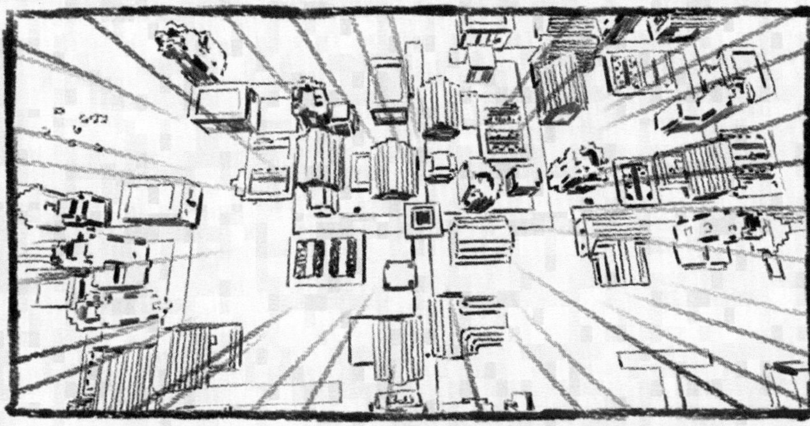

Ich fiel, **fiel und fiel.** So also sah das Leben eines Regentropfens aus. **Irre.** Ich stürzte immer schneller, **schneller** und schneller.

Noch nie hatte ich **eine solche Angst** um mein Leben gehabt.

Die Zeit verging wie in Zeitlupe und die Farben der Landschaft verschwanden.

Alles kam mir vor wie im Traum.

Wie bin ich nur hierher gekommen? Ich wollte einem kleinen Fiesling eine Lektion erteilen, ihm zeigen, warum ich **der Klassenzweite** war und nicht er ... Stattdessen bin ich mitten in den Wolken, wo selbst die Fledermäuse nicht mehr fliegen.

Man könnte fast sagen,

es kommt immer anders, als man denkt.

MONTAG

Zuerst die gute Nachricht:

Ich bin nicht tot!

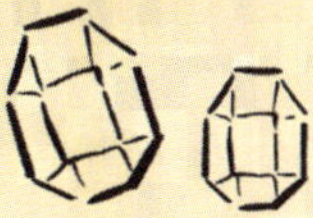

Ich habe **kein einziges Herz verloren.** Außerdem besitze ich **ein neues Register** und noch **17 Smaragde in meiner Tasche.** Nach meinem Flug in eine **Höhe von mehr als 80 Blöcken** haben sich unsere Flaschen verkauft wie frisch gebackenes Brot.

MINUS
SCHÜLER
LEVEL 52

BERGBAU	25%
KAMPF	30%
HANDEL	100%
LANDWIRTSCHAFT	39%
ARCHITEKTUR	71%
HANDWERK	45%

Ich war so **erleichtert,** es wiederzusehen. Es war, als hätte ich **einen Teil von mir selbst** wiedergefunden. Wie lange hatte ich es vermisst? **Acht Tage? Vielleicht neun?** Auf jeden Fall **eine Ewigkeit.** Außerdem **war ich glücklich** zu sehen, dass mein Score fast ebenso hoch geflogen war wie ich gestern.

Aber jetzt kommt **die schlechte Nachricht:** In der Schule war alles noch ruhig. Ich ging zum Schulleiter, gab ihm die **50 Smaragde** und kehrte nach Hause zurück. **Bis dahin war alles normal.** Doch dann bemerkte ich, dass mir ein **völlig irrer Typ** folgte.

Er versuchte, **möglichst nicht** aufzufallen ... aber es passiert nicht allzu häufig, dass ein älterer Typ **mit Sonnenbrille und dunkler Robe** vor der Schule herumschleicht.

Ich **beachtete ihn nicht** und ging vor mich hin pfeifend weiter. Aber er folgte mir! Also **ging ich schneller,** doch auch er beschleunigte seine Schritte, bis er mich eingeholt hatte.

– Es ist recht windig heute, sagte er. **Die Wolken ...** sie scheinen über den Himmel zu jagen.

– **Hurrrggg,** ja, stimmt. **Entschuldigung**, aber ich habe wirklich keine Zeit.

Ich beeilte mich fortzukommen und lief einige Meter weiter.

„Uff! Ich hab ihn abgehängt. Was will er von mir? Er scheint zu den Ältesten zu gehören. Will er mit mir über gestern sprechen?"

Schon kam der nächste auf mich zu.

– Guten Tag, Minus. Ich habe gehört, dass **deine Scores** ... durch die Decke geschossen sind. Man könnte fast sagen, dass du ein echter ... **Überflieger** bist.

– Äh ... danke. **Das ist sehr freundlich.**

Als ich mich umdrehte, um schnell weiterzugehen, stand nun der erste Typ mit der Sonnenbrille **schon direkt hinter mir.**

– **Komm mit**, befahl er. **Sofort!**

Eine halbe Stunde später fand ich mich am anderen Ende des Dorfes wieder, in einem Steinhaus mit Eisentüren und Gittern an den Fenstern. Es war jedoch kein Gefängnis, sondern der Ort, an dem die **alten Griesgrame des Dorfes** ... **die Ältesten ...** ihre Zeit vertrödelten.

Sie führten mich in einen sehr kleinen Raum, in dem nur ein Tisch und zwei Stühle standen ... und **boten mir Kürbiskuchen an.**

So also begann mein **wunderbarer** Tag. Es hat wohl nicht nur gute Seiten, durch die Wolken zu fliegen, **denn nun** wollten sie wissen, wie ich das hinbekommen hatte *(allerdings wollten das alle wissen, auch Steve und Mike).* Als hätte ich es ihnen sagen können! **Ich weiß es doch selber nicht!**

– Ich habe **einen Trank der Sprungkraft II** gebraut.

Mehr konnte ich ihnen nicht erklären.

– Es war wohl eher **ein Trank der Sprungkraft eine Milliarde.**

sagte der Älteste mit der Sonnenbrille. Minus, ich würde mich gern vorstellen. **Ich heiße Brio** und ich möchte dir ... zu **den gestrigen Ereignissen** einige Fragen stellen.

Von wegen **„einige“**, er hätte besser sagen sollen **„ein paar Tausend“.**

Fragen wie:

– Wie hast du **den Glowstonestaub** in den Braustand gefüllt?

– Mit welcher Hand hast du den Trank zuerst **angefasst?**

– Hatte der Staub **einen besonderen Geruch?**

– Wie war eigentlich das Wetter?

– War die Sonne von den Wolken verdeckt?

– Möchtest du noch ein Stück Kuchen?

– Konntest du **Hühner** sehen?

– Möchtest du vielleicht noch ein paar Kekse?

– Kannst du es **noch einmal** wiederholen?

–**Schon ...**, aber dafür brauche ich einen Braustand ...

Brio zeigte auf den anderen Ältesten:

– **Tu so, als wäre er der Braustand.**

Mmmmh... Als sie mit ihrer Fragerei endlich am Ende waren, stellte auch ich ihnen eine Frage.

– Brio, ich **habe etwas Seltsames** gesehen, als ich gestern über den Wald flog.

– Ach ja?

– Ja, wirklich. **Es war riesig,** fast so groß wie ein Baum.

– Es war sicher nur **ein Schatten**, vielleicht eine optische Täuschung.

– Aber ...

– Oder vielleicht ein Zombie? **Wer weiß das schon?**

Er tätschelte mir den Kopf und ignorierte einfach, was ich ihm sagen wollte. Aber es kam **noch schlimmer.** Ich wollte gerade aufbrechen, als Brio mir ein Buch gab. Es ist dieses Jahr schon **das zweite Buch,** das ich eigentlich nicht gebraucht hätte. Die Lehrer scheinen es heute verteilt zu haben, aber ich war ja nicht da ...

– **Lies es bis morgen.** Es ist voller Tipps und Tricks.

Das war **die seltsamste** und **grausamste Strafe,** die sie für mich finden konnten.

Ich werde nie wieder einen Trank brauen.

Nie wieder!

DIENSTAG

Steve ist heute wirklich explodiert.

Wahrscheinlich ist ihm **der Schmöker vom alten Urf** in die Hände gefallen. Als er dann das Umschlagbild sah, auf dem er in einer Lore **auf einem Schwein reitend** Richtung **Noobtown** fährt *(wo er der Bürgermeister sein soll)*, ist er in die Luft gegangen. Er hat **gekündigt** und gesagt, es sei schon immer sein Traum gewesen, sich nur noch mit **Redstone** zu beschäftigen. Darauf wolle er sich jetzt konzentrieren. **Urf war natürlich außer sich vor Freude,** dachte er doch, er bekäme seinen alten Job zurück. Aber der Schulleiter sah das anders ... **leider.**

„Leider", Urf wäre mir nämlich immer noch lieber gewesen. Der neue Kampflehrer heißt **Perce** und ist ebenfalls ein **Ältester** wie Urf. Aber er ist noch tausendmal **mürrischer.** Er hat schon mit seinem Unterricht begonnen und ließ uns **fünfzehn Runden** um den Kampfplatz rennen. Doch damit nicht genug, er hat auch noch Löcher in den Weg gegraben und sie mit Wasser gefüllt.

Ernsthaft,
der Typ ist verrückt.

Es war die **anstrengendste Unterrichtsstunde** unseres Lebens. Danach mussten wir uns noch die Kampfpuppen vornehmen und **fünfhundertmal** auf sie einschlagen. Mastoc, Max und ich haben uns auf dieselbe Puppe gestürzt.

Perce **schrie mich an:**

– ICH SAGTE ZWEI GEGEN ZWEI!!! **DU!!! MIT IHR!!!**

Er zeigte auf **Alice**. Sie hatte sich eine Puppe ganz in meiner Nähe ausgesucht – *rein zufällig* – und übte **allein** an ihr.

Ich kann schon jetzt vorhersagen, **diese Woche wird übel.**

– Aber das sind doch meine Freunde!, sagte ich.

– WIDERSPRICH MIR NICHT, **DU KARTOFFELREITENDES TINTENFISCHHIRN!**

KARTOFFELREITER?! Wie ein Jockey … aber auf einer Kartoffel?

Ich versuchte mir **vorzustellen,** wie jemand auf einer Kartoffel von der Größe eines Schweins reitet, klappte aber nicht. **Es war geradezu unmöglich.** Ich bekam **Kopfschmerzen.** Jetzt war ich aber **beleidigt.** Wer wagt es, mich Kartoffelreiter zu nennen?!

– Ich wollte doch nur sagen, dass das meine …

Zugegeben, ich hab die falschen Worte gewählt. Aber egal, was ich auch gesagt habe, Perce war **dermaßen** genervt, dass er keine ganzen Sätze mehr herausbrachte, sondern nur noch **einzelne Silben** ausspucken konnte:

– LIE!!! GE!!! STÜT!!! ZE!!! JETZT!!! FÜNF!!! ZIG!!!

Pfff. Nach den Liegestützen winkte ich meinen Freunden und ging zu Alice.

– Hallo.

– Hallo.

Hurg. Es hätte schlechter laufen können. Er hätte mich auch zu einem Freund von Pierre schicken können … oder zu **Blumbi.**

Wortlos schlugen Alice und ich auf unsere Puppe ein. Meine Arme waren nach den vielen Liegestützen so schwer wie ein Amboss, also **schlug ich langsamer** zu, wenn Perce uns **den Rücken zukehrte,** und **erhöhte meine Schlagfrequenz,** sobald er auf uns zukam. **Alice machte es anders.** Sie schlug mit der **gleichen Geschwindigkeit,** egal, ob Perce hinsah oder nicht.

Plötzlich fiel mir auf, dass sie eine der **wenigen Schüler** war, die Perce noch nicht angeschnauzt hatte. Sie gab im Unterricht **nie etwas Außergewöhnliches** von sich, aber sie nervte die Lehrer auch nie. Selbst diesen Lehrer nicht, der sich über jede Kleinigkeit aufregte.

Alice war ... unsichtbar.
Sie war keine gute Schülerin, aber auch keine schlechte, halt ... mittelmäßig.

Aus diesem Grund habe ich auch nie bemerkt, dass **sie mir überall hin folgte.** Ich habe auch nie beobachtet, dass sie etwas Geniales vollbracht hätte, so wie ich damals, als ich der Puppe einen tödlichen Schlag versetzte und ihr den Kopf abschlug. Steve hatte mich dafür gelobt und gesagt, ich sei genial gewesen. *(Ihr seht, darauf bin ich immer noch ziemlich stolz.)*

Etwas später versammelten wir uns **vor dem Bogenschießstand.** **Ich will ehrlich sein:** Auf diesem Gebiet **bin ich eine Null.** Mit einem großen Schwert zerfetze ich alles. Wer mir aber einen Bogen in die Hand drückt, **riskiert sein Leben,** meines und das aller Umstehenden. Kann man überhaupt mit einem Bogen auf sich selbst schießen? Ich weiß es nicht, **aber ich kann es!** Schaut her:

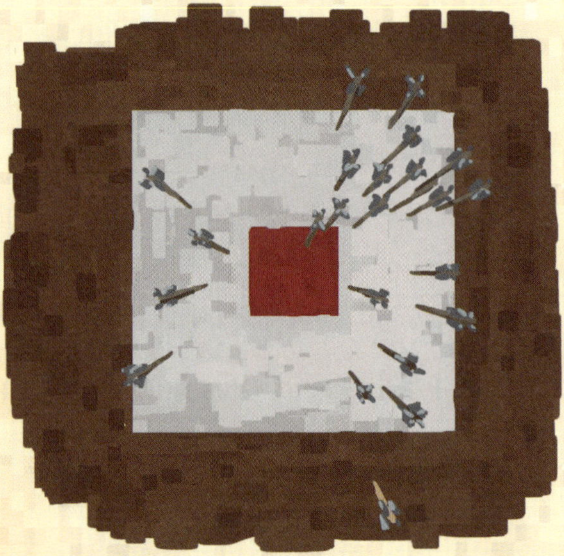

Hier seht ihr das Ergebnis bei einem unbeweglichen Ziel in nur **30 Blöcken Entfernung.** Zu meiner Verteidigung muss ich sagen, dass der Pfeil ganz außen **von Pierre stammte.**

(Es war nicht besonders schlau von ihm. Er wollte mich wie eine

Null dastehen lassen. Dafür musste ich mich revanchieren und habe sein Ziel anvisiert, aber danebengeschossen. Perce schrie, dass er Pierre den Pfeil am liebsten inden Rachen steckenwürde und verdonnerte ihn zu fünfzig Liegestützen. Pierre protestierte heftig und wollte sagen, dass es mein Schuss gewesenwar, was ihm aber noch weitere fünfzig Liegestützen einbrachte. Das war der schönste Augenblick meines Tages).

Na gut, ich muss zugeben, der **Pfeil ganz unten hätte auch von mir sein können.** Ich habe noch **nicht einmal mit drei Pfeilen** ins Rote getroffen und das auch nur sehr knapp.
Das bedeutet: Wenn ihr jemanden braucht, der einen ausgewachsenen Ghast aus einer Entfernung von 10 Blöcken erschießt, **ruft mich.** Der Ghast darf sich nur **nicht bewegen.** Lieber aber begnüge ich mich damit, die Monster mit meinen vorbeizischenden Pfeilen zu erschrecken.

Alice hingegen **schoss sicher**. Zumindest ... **am Anfang.** Ihre ersten fünf Pfeile trafen genau **in die Mitte der Zielscheibe.** Ein Pfeil schlug sogar direkt in einen der anderen ein und **spaltete** diesen. Man könnte also sagen, dass nur vier Pfeile ihr Ziel getroffen hatten. So etwas hatte ich bisher nur in einem Buch in der Bibliothek gesehen (**ein verrückter, grün bekleideter Dorfbewohner** hatte ebenso getroffen).

Ich schaute auf Alice, auf das Ziel und dann wieder auf Alice.

– **Wow! Du schießt super!**

– **Nicht wirklich ...** antwortete sie und errötete. Das war **nur Glück.**

Vielleicht war es wirklich nur Glück, denn danach hat sie **kein einziges Mal** mehr getroffen.

Sehr seltsam.
Vielleicht habe ich sie durcheinandergebracht.

In den letzten zehn Minuten des Unterrichts ließ Perce uns **noch einmal fünzehn Runden** laufen. Es hatte zu regnen begonnen.

Einige Jungen **jammerten.** Perce kam die Galle hoch, und mit bebender Stimme schrie er:

– IHR GLAUBT WOHL, DIE MONSTER WÜRDEN AUF EURE EMPFINDLICHKEITEN RÜCKSICHT NEHMEN!! BEWEGT EUCH, IHR ENDERBABYBANDE! UND ZWAR SCHNELLER!!!

GENIAL!

Da freue ich mich schon auf morgen,
da geht alles von vorn los ...

DIENSTAG-ABEND

SONDER-EINTRAG

Ich bin mitten in der Nacht **aufgewacht**. Ich hatte einen **superseltsamen** Traum. Vielleicht war ich nach dem Kampfunterricht auch **zu kaputt.** Ich werde aufschreiben, woran ich mich erinnere. In meinem Traum hatte Steve eine **riesige Redstonemaschine** gebaut.

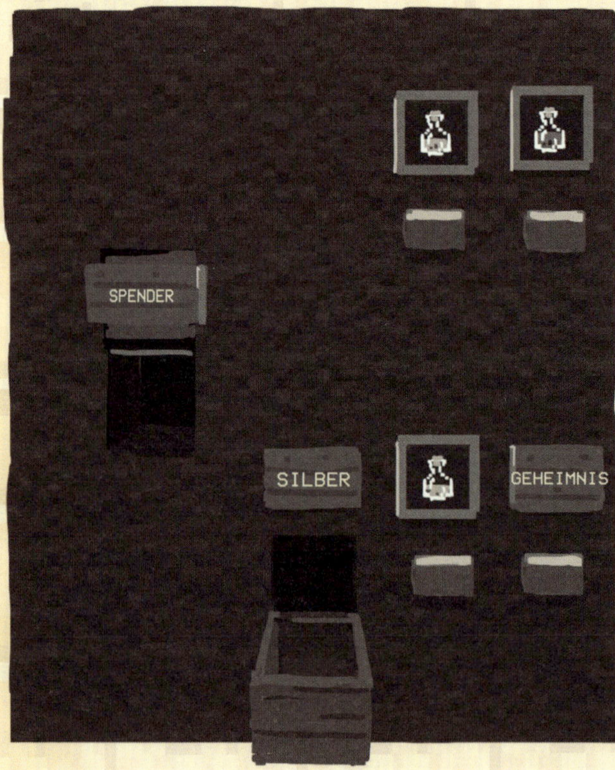

– Das ist ein **automatischer Spender**, sagte Steve. Das gibt es auch auf der Erde.

– Wozu braucht man das?, fragte ich.

– Also, du steckst **einen Smaragd in den Trichter,** wählst einen **Trank** aus, der dann hier unten rauskommt.

– Von welchen Tränken redest du?

– **Mmmmh…** Es sind eher Getränke **mit Geschmack.**

– Getränke mit Geschmack?

– Vergiss es …

Ich sah mir die Maschine aus der Nähe an.

– Kann man auch **etwas anderes als einen Smaragd reinstecken?**

– Die Maschine **spuckt es aus** oder **sie frisst es,** aber das passiert selten. Ich arbeite noch daran …

– Sie erkennt also, was du reinsteckst?

Das funktioniert mit Redstone?

Für einen kurzen Augenblick leuchteten Steves Augen **begeistert** auf.

– Mit etwas Anstrengung **ist alles möglich,** Minus.

Ich zeigte auf den Knopf rechts unten.

Geheimnis …

– Und was bewirkt dieser Knopf?

– **Probier es** doch einfach selbst aus.

Hurrrggg. Ich drückte auf den Knopf. Alles wurde **dunkel** und in meinem Traum gab es einen neuen Schauplatz.

Plötzlich stand ich direkt vor einem **Witherskelett.**

– Bitte hilf mir! Ich bin auf einer **Insel umgeben von Lava** gefangen.

– Warum solltest ich dir helfen? **Du bist ein Monster.**

Ein **sehr blödes Monster** sogar! Lava macht Witherskeletten nichts aus, **weißt du das nicht?** Du musst doch nur bis zum Ufer schwimmen.

Wir sind doch **nicht alle bösartig.** Das weißt du doch bestimmt. Außerdem kann ich nicht schwimmen. Kannst du mir nicht eine Brücke bauen? Wenn du mir hilfst, **werde … auch ich dir helfen.**

– Wie willst du mir denn helfen?

– Ich werde dir **jemanden vorstellen.**

– **Pfff.** Das ist mein Traum! Hau ab!

– Ich bin vielleicht nur Teil deines Traums, doch **wir werden uns bald wiedersehen.**

– …

– Übrigens, **schöne Grüße an Jello.** 

Totale Dunkelheit.

Dann fand ich mich in einem völlig unbekannten Haus wieder. Dort saßen **drei Kinder** – zwei Mädchen und ein Junge – um einen Tisch.

– Wer seid ihr?, fragte ich.

– Ich heiße **Skyler,** antwortete ein Mädchen.

– Ich bin **Katie,** sagte die andere

– **Ben,** stellte sich der Junge mit einem Lächeln vor.

Skyler **erhob** sich und ging näher ans Fenster.

– **Notch** hat uns in deinen Traum geschickt, um dir eine Botschaft zu übermitteln.

Sie werden sehr bald da sein.

Sie zeigte nach draußen.

– Du musst den Bürgermeister **warnen.** Sie sind sich der Gefahr, die dem Dorf droht, nicht bewusst. **Niemand ahnt etwas.**

Ich blickte aus dem Fenster.

– Ääh ... die Bäume? **Die Bäume sind gefährlich?**

Ben kam auch ans Fenster.

– Nein, nicht die Bäume. **Sie.** Das ist doch ganz klar!

– **Wer sind „sie"?**

– Du bist wirklich nicht sehr klug, Minus, sagte Katie, die hinter mir stand. Alle drei zeigten aus dem Fenster.

– Sieh genau hin!

Ich hörte das Rauschen der Blätter an den Bäumen. Aber ... **sie bewegten sich nicht.** Auch die Wolken am Himmel standen still. Die ganze Szenerie war **unheimlich.** Mir wurde ein bisschen schlecht. Jetzt **bebte** auch der Boden leicht. **Ein fürchterliches Grollen** war aus der Ferne zu hören.

– Das ist er!, sagte Ben.

–Ja! Er ist da!

Ich verstand nichts.

– Wer?!

Skyler drehte sich zu mir um.

– Minus, hör mir gut zu! **Erinnerst du** dich daran, was du gesehen hast, als du …

Plötzlich brach der Traum ab. Alles war wieder schwarz. Aus der Dunkelheit trat ein Mann heraus. Er ähnelte Steve, hatte aber **etwas Unheimliches** an sich.

Er … **hatte keine Augen.** Oder besser gesagt, sie waren leuchtend weiß. Ein heller Lichtschein erschien hinter ihm, begleitet von den Rauchschwaden eines großen Feuers.

Irgendetwas schien **zu brennen.**

Das **Grollen** kam wieder, diesmal ohrenbetäubend laut. Die Augen des Mannes **blendeten** mich so sehr, dass ich kaum noch etwas sehen konnte.

– Au weia !!!

Ich **wachte auf**, drehte mich um und blieb noch eine Weile unbeweglich im Bett liegen. Mich **beschlich eine böse Vorahnung. War es wirklich möglich,** dass Notch diese drei Typen in meinen Traum geschickt hatte? Kamen sie von der Erde? Vielleicht spielen sie **Minecraft,** wie Steve und Mike früher auch? Ist unser Dorf wirklich **in Gefahr?** Schließlich hat uns schon lange niemand mehr angegriffen.

Und wer war diese Gestalt mit den weißen Augen?
Sie machte **keinen guten** Eindruck.

Um meine Angst ein wenig zu zerstreuen, öffnete ich **Jellos Truhe** und gab ihm etwas Brot zu knabbern.

– Du kennst nicht zufällig ein Witherskelett, **oder,** Jello?
Ich streichelte sein „Köpfchen". Es fühlte sich **ziemlich kalt** an.
– Ganz sicher nicht. **Es war ja nur ein Traum.**

MITTWOCHMORGEN

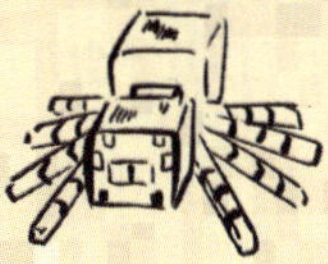

SONDER-EINTRAG

Heute morgen fand **eine besondere Versammlung** statt. Der Bürgermeister hat endlich **den Wald** und sein **stetiges Näherkommen** zur Sprache gebracht.

– Wie ihr alle wisst, breitet sich eine **große Zahl** Schwarzeichen im Osten aus. Dieses Gebiet ist **sehr gefährlich.** Das Tageslicht ist dort so schwach, dass sich die Monster **auch tagsüber hier aufhalten können.** Wir versuchen gerade eine Lösung für den Fall zu finden, dass der Wald **dem Dorf zu nahe kommt.**

Habt keine Angst. Wir haben schon viele Angriffe in der Vergangenheit überlebt und es werden **auch noch weitere** auf uns zukommen. Dies hier ist eine neue Stufe in der Strategie der Monster, **das ist mehr als offensichtlich.**

Brio – *der Älteste mit der Sonnenbrille* – stellte sich neben den Bürgermeister.

– Von nun an wird **der Unterricht für alle Schüler schwieriger** und das Kampftraining noch **intensiver** werden. Wir erwarten von jedem Schüler einen Vorschlag, wie man das Dorf am besten schützen kann. Dies wird sozusagen **eure Abschlussprüfung** sein.

Der Bürgermeister nickte zustimmend.

– Meine lieben Schüler, von nun an müsst ihr **noch härter arbeiten.** Die Monster werden jeden Tag pfiffiger. Da müssen wir mithalten. Ich habe **kindische Raufereien** unter euch feststellen müssen. Ich erwarte von euch, dass ihr das ab heute einstellt. Der Feind befindet sich außerhalb der Dorfmauern und **nicht innerhalb.**

Also! Die Bäume ermöglichen es den Monstern, sich vor dem Sonnenlicht zu **verstecken.** Die Zombies, die Skelette ... allesamt können sie sich auch **tagsüber frei bewegen,** solange sie durch die Bäume geschützt sind.

Aber ist das wirklich alles?
Skyler, Ben und Katie
schienen anderer Meinung zu sein.
Mmmmh...

MITTWOCHMORGEN
FORTSETZUNG

Später im Kampfkurs musste ich mit Alice ein **Team** bilden.

Schon wieder.

Danach hatte ich eine Stunde lang das Geschrei von Perce zu **ertragen** und in einer Mannschaft mit **einem superseltsamen Mädchen** zu trainieren. Max und Mastoc waren kurz davor, sich totzulachen. **Pfff,** ich muss ja wohl nicht wiederholen, dass dies die schlimmste Woche meines Lebens ist.

Aber damit nicht genug. Perce **unterhielt** sich mit dem Bürgermeister. Er und Brio **assistierten heute** im Unterricht. Jedenfalls sagte Perce, dass Alice und ich **ein sehr gutes Team** seien und am besten in **allen** Fächern zusammenarbeiten sollten.

Dieser Lehrer ist wirklich der blanke Horror.

Horror.

Es ging ja noch, dass er mich als Kartoffelreiter beschimpft hat, obwohl ich gar nicht weiß, was das sein soll. Aber mit Alice **zusammenzuarbeiten** bis zu unserem Abschluss?!

Fragt mich bloß nicht! Das ist grausam! Reine Quälerei!

Ich habe mich beim Schulleiter beschwert, **erfolglos.** Er sagte, sie sei doch **eine gute Schülerin.** Er wollte mir nicht glauben, dass sie ein wenig seltsam ist. Tatsächlich warf er mir einen Blick zu nach dem Motto: „**Minus hat mich zu einer Pyjamaparty im Nether eingeladen.**"

Warum sieht **alle Welt** mich so an?!

Das kann doch nicht wahr sein !!!

MITTWOCHABEND
NOCH EIN TRAUM

Die seltsamen Träume kamen wieder. Dieses Mal durchlebte ich nochmal die Ereignisse vom letzten Sonntag, **nur in umgekehrter Reihenfolge.** Eigentlich war es mehr eine **Erinnerung** als ein Traum. Allerdings konnte ich außer einem lauten Rauschen, fast wie ein Ohrensausen, so gut wie nichts hören. **Ziemlich ausgeflippt, oder?**

Ich **versuchte angestrengt,** mich daran zu erinnern, was ich damals gesehen hatte. Vielleicht war es ein Zombie oder doch ein Skelett ... Jedenfalls ging es aufrecht. **Egal, was es war, es war riesig.**

Die Gestalt war **fast so groß wie die Bäume.** Selbst die Endermen sind nicht so riesig. Was mag es wohl gewesen sein? Jedenfalls konnte ich es nicht **deutlich** sehen. Es war viel zu weit weg und außerdem **tränten meine Augen** im Wind.

Dann hatte ich doch noch einen **richtigen Traum:**

Nein-**nein**-nein!

NNNNNNNNNNNNNNNeiN!

Dieser Traum durfte sich nicht in einen Alptraum verwandeln. **Los, Minus!** Es ist dein Traum, **er gehört dir.** Du bist der Chef.

Jawoll! Das nenne ich einen Traum!

Super!!!

Ich möchte nie mehr aufwachen!

DONNERSTAG

Was für ein Noob diese Alice doch ist!

Heute ist meiner neuen **Partnerin** definitiv nichts gelungen. Einer ihrer Tränke ist im Alchemiekurs **explodiert.** Daraufhin hat sie nur mit den Augen geklimpert, blöd gekichert und einfach nur **„Ups"** gesagt.

– **Wow!,** kam von Pierre. Was seid ihr für ein wunderbares **Noobpärchen!**

Fast alle machten sich **über mich lustig.** Max und Mastoc blickten mich **unschuldig** an. Hauptsache, sie hatten ihren **Spaß** ...

Kurz gesagt, ich musste sie irgendwie **loswerden.** Also nutzte ich die Frühstückspause und schlich mich in die Schulbibliothek. Ich wollte unbedingt herausfinden, was ich da gesehen hatte.

Das größte Monster, das mir während meiner Nachforschungen begegnete, war **Mungo, der Allmächtige.** Wahrscheinlich hatte ich ja doch nur einen Riesenzombie gesehen. Also musste ich irgendetwas über Riesenzombies finden, die ja ziemlich **mega selten** sein sollen.

Eine Stunde später hatte ich noch immer nichts entdeckt. Kein einziges Monster, nicht einmal die legendären Monster, ähneltem dem, das ich gesehen hatte.

Der Nachmittagskurs zog an mir vorbei. Ich achtete nicht allzu sehr auf das Geschrei von Perce. Ich machte einfach nur **meine Liegestütze** und **joggte** ein wenig. Leicht war es nicht, die blöden Sprüche von Perce zu ignorieren:

– ICH HABE SCHON **SILBERFISCHCHEN** GESEHEN, DIE SICH **SCHNELLER** DURCH STEIN GRABEN, ALS IHR LAUFEN KÖNNT!!!

Ich habe versucht, mit Steve über das zu reden, was ich gesehen geträumt hatte, doch **er lachte mich nur aus.**

– Es war sicher nur eine **Kuh.** Mag sein, dass es dort auch ein paar Zombies gibt, **aber mehr nicht.**

Der Bürgermeister wollte auch nichts davon wissen.

– Ich soll **meine Pläne ändern,** nur weil du irgendetwas gesehen haben willst?

Auch Mastoc ließ mich im Regen stehen.

– Du solltest **mit den Tränken aufhören,** mein Lieber, sie bekommen dir nicht.

Seine sonst so freundlichen Augen blickten voller **Ungeduld.**

– Kannst du dich nicht einmal normal verhalten, anstatt dir immer nur Ärger einzuhandeln? Erinnere dich daran, was uns gesagt wurde: **„Hart arbeiten und Krieger werden!"**

Hurrrggg.

(Lange her, dass ich mir so ein wohltuendes Hurggg gegönnt habe.)

Als ich dagegen mit Max über meinen Traum sprach, nickte er bedächtig.

– Letzte Nacht habe ich auch etwas gesehen, besser gesagt, wahrgenommen. Ich habe mich mit meinem Vater gestritten und bin deshalb an die frische Luft gegangen. Ich schlenderte an der **Ostmauer** entlang. Ich hörte **dort ein so lautes Stöhnen,** dass ich gar nicht mehr einschlafen konnte, als ich wieder nach Hause kam.

– Also **bin ich nicht allein!**

– Sollen wir nachschauen, was da los ist?

– Was willst du damit sagen?

– Lass uns morgen Abend hingehen. Wir spazieren einmal kurz aus dem Dorf und kehren schnell wieder. **Dann wissen wir es.**

– **Du bist ja verrückt!**

– Vielleicht. Aber ist es denn nicht verrückt, gegen Monster zu kämpfen und damit seinen Lebensunterhalt verdienen zu wollen?

Mastocs Worte kamen mir wieder in den Sinn: **Kannst du dich nicht einmal normal verhalten, anstatt dir immer nur Ärger einzuhandeln? Erinnere dich daran, was uns gesagt wurde: „Hart arbeiten und Krieger werden!"**

Also sagte ich Max, dass ich keine Lust mehr hätte, **Dummheiten** zu machen.

– Und wenn der Bürgermeister das mitkriegt …?

– Der merkt gar nichts, sagte Max und klatschte in die Hände. **Pass auf,** Minus. Wenn der Bürgermeister Recht hat und es dort nur ein paar Zombies und Skelette gibt, haben wir nichts zu befürchten. Ich habe einige **Tränke der Unsichtbarkeit.** Man wird uns **gar nicht bemerken.** Falls wir aber Recht haben … **muss er das wissen.**

Ich konnte nicht glauben, was Max da von sich gab.

Aber als er fortfuhr ...

– **Ich liebe das Dorf** und bin bereit, kleine Risiken einzugehen, wenn ich damit die Leute, die ich liebe, schützen kann.

Meine Familie.

Meine Freunde.

Selbst die Kleinen, die auf unserer Straße spielen. Ich lasse es nicht zu, dass die Monster oder wer auch immer ihnen etwas antun.

Er sagte dies **selbstbewusst und mit großer Überzeugung ...** Selbst Steve hätte es nicht besser ausdrücken können. Es war **unmöglich,** davon nicht beeindruckt zu sein. Schließlich begriff ich:

Das waren die Worte eines Kriegers!

Ich richtete mich auf.

Ich nickte zustimmend.

Und dann lächelte ich.

FREITAGABEND IN DER DÄMMERUNG

Nach Sonnenuntergang schlichen wir uns aus dem Dorf.

Die Festungsmauer hat zwar keine Türen, aber eine **geheime Luke,** durch die wir problemlos nach draußen gelangten. Wir sind durch einen Tunnel gekrochen und im Flachland wieder rausgekommen.

Max hatte mit den **Tränken der Unsichtbarkeit** keinen Witz gemacht. Er hatte ganz viele dabei. Ich wollte gar nicht fragen, woher er **all die Goldklumpen** hatte. Man braucht acht pro Trank sowie je ein fermentiertes Spinnenauge. **Ein einziger** dieser Tränke **ist schweineteuer** und Max hatte mir direkt **fünf** gegeben.

– **Wie lange** hält der Effekt an?, fragte ich.

– Sie haben eine verlängerte Wirkung, **also 8 Minuten.**

Mit **fünf** Tränken für jeden waren wir etwa **40 Minuten** sicher. Wir hatten schon einen getrunken, brauchten aber noch etwas Zeit, uns daran zu gewöhnen. Es ist nicht leicht zu laufen, **wenn man seine Füße oder seine Hände nicht sieht.** Da wir auch den anderen nicht mehr sehen konnten, mussten wir auf unsere Stimmen oder Schritte hören, um zu wissen, wo der andere war.

Mein Herz schlug **immer lauter,** je weiter wir gingen und je näher wir dem Wald kamen.

Kein Laut war zu hören, abgesehen von dem knirschenden Gras unter unseren Füßen.

– Dort entlang. **Ins Tal.** Hast du es gesehen?

– Ja.

Wir kamen immer näher. **Vorsichtig, seeehr vorsichtig.**

Ich hörte, wie Max atmete, und sicherlich hörte er dasselbe auch von mir.

Wir hatten eine Heidenangst.

– Wenigstens gibt es hier ein paar Tiere, murmelte ich. **Das ist doch beruhigend**, oder?

– Psst!

– **Was?**

– Hör hin!

Da standen wir dann eine Weile – *ich würde sagen, eine Minute, auch wenn sie wie eine Ewigkeit erschien* – **still, unsichtbar und ohne zu atmen.**

Die Schritte von Max **durchbrachen** die Stille.

– Gehen wir!

Wir betraten den Wald. Es war unheimlich hier, und wir konnten fast **gar nichts mehr** sehen. Ich bereute es, meine eigenen Tränke nicht mitgebracht zu haben: **die der Nachtsicht.**

Ganz plötzlich:

– **Die Bäume wachsen!**, sagte ich.

– Komm jetzt, wir gehen weiter!

Wir **liefen weiter, blieben dann stehen, lauschten** und schauten uns um. Schließlich nahmen wir **einen weiteren Trank** der Unsichtbarkeit zu uns, obwohl noch zwei Minuten übrig waren – **aus reiner Vorsicht.**

Plötzlich hörte ich ein **Krachen.** Ich rempelte Max an und hätte ihn fast umgeworfen.

– Da vorn!, sagte er. Ganz langsam.

Wir gingen ein Stück weiter, vorbei an großen Baumstämmen ...

Ich hätte fast laut geschrien,

aber Max hielt mir seine **Hand vor den Mund** *(auch wenn er mich gar nicht sehen konnte).*

Er packte mich an den Schultern und **ging mit mir rückwärts,** bis wir die Monster nicht mehr sehen konnten. Doch wir konnten das **Geräusch ihrer Schaufeln** immer noch hören.

– **Das ist verrückt.** Die Monster …

Ich dachte dasselbe.

Ich glaubte es nicht. ***Sie haben den Wald gepflanzt?!*** *Ich konnte ganz deutlich ein Skelett mit einer Schaufel erkennen und einen Zombie mit einem Baumsetzling in der Hand. Aber … es sind Monster!* ***Und keine Dorfbewohner! Oder Erdenbewohner!***

Ich habe noch nie einen Noob oder einen Krieger oder selbst einen Eisengolem gesehen, der eine Blume so ***behutsam*** *gehalten hatte, wie der Zombie den Setzling. Dieser Zombie war bemüht, die Wurzel des Baums nicht zu zerstören. Er hatte sicherlich einen hohen Score in* ***Landwirtschaft****.*

Aber … Monster!

Sind Monster gute Bauern?!

Kennen sie sich mit Pflanzen aus?!

Sie können … sie können … ***Bäume pflanzen?!***

Wie war das möglich?!

Es gibt sicher keinen Landwirtschaftsunterricht in ***Monstertown!***

Ich hatte schon geahnt, dass es in diesem Wald viele Monster gibt, aber niemals hätte ich gedacht, dass ***sie ihn erschaffen*** *haben …*

Bumm!

Bumm!!

Bumm!!!

Der Boden **erzitterte** leicht. **Eine immense Kreatur** bewegte sich in Richtung Skelett und Zombie.

Sie war mindestens **6 Blöcke hoch**. Ihre Fäuste waren breit wie **ein Block.** Der Kopf war sogar noch größer.

Meine wissenschaftlichen Überlegungen und Berechnungen führten mich zu **folgendem Schluss:**

LAUF-LAUF

LAUF-LAUF-LAUF!

SAMSTAG

Max und ich sind **unbeschadet** davongekommen. Die Monster haben uns **nicht bemerkt.** Auch **der Titan** mit Armen wie Baumstämmen nicht. Wir haben Mastoc getroffen und ihm **alles erzählt.** Natürlich hatten wir ein solches Monster noch nie gesehen. **Wir mussten mehr darüber erfahren.**

Max schlug einen Ausflug in die Bibliothek vor. Wir gingen in die größte Bibliothek des Dorfs und begannen, die alten, verstaubten Bände zu durchkämmen.

Kurz darauf tauchte auch **Alice** auf. Sie war hereingehuscht, als zwei andere Dorfbewohner die Bücherei gerade verließen, so **als wollte sie verhindern,** dass ich sie bemerke. Doch ich sah ihre zarte Gestalt – *wie ein Schatten im Dunkel der Bibliothek* – zwischen den Regalen schlendern.

Max fand schließlich, wonach wir suchten. **Manchmal** können Bibliothekare auch nützlich sein. Es war ein **schlichtes** Buch mit einem einfarbig grünen Einband und einem noch schlichteren Titel:

Die legendären Monster von Minecraftia.

Auch wenn es **langweilig** aussah, enthielt das Buch eine Menge **völlig verrückter** Sachen. Eine wahre Enzyklopädie legendärer Monster, der „**Bossmonster**", wie sie auf der Erde genannt werden. Wir stellten uns um den Tisch und begannen, **das Buch zu durchstöbern.** Übrigens, alles in diesem Buch ist zu **100 % wahr.** Manche Monster waren **schauerlich**, wie etwa die **schreiende Kuh** *(alle Lebewesen, die ihren Schrei hören, erleiden den Withereffekt)*, oder besser noch der **Obsidianriese** *(er ist fast 20 Blöcke groß und kann nur durch ein Diamantschwert verletzt werden).*

Ich sah mir alle Bilder an, als ich schließlich auf eines aufmerksam wurde, das mir sofort Schauer des Erkennens über den Rücken jagte.

– **Das ist er!**, sagte ich.

Mastoc war eher **skeptisch.**

– Bist du sicher? Vielleicht hast du auch einen Enderman gesehen?

– **Nein,** das war kein Enderman. Er verursachte doch bei jedem Schritt **ein kleines Erdbeben.**

– Tja, wenn es dieses Monster wirklich gibt, **sitzen wir in der Patsche.** Man sagt, **Urkk** wäre ein **mittelstarkes Bossmonster.** Er bringt ohne Mühe jeden Eisengolem um und kann Creeper 15 Blöcke weit werfen, um aus der Entfernung eine Explosion zu verursachen. Darum nennt man ihn auch:

„Creeper-Express“.

– …

– …

– …

Diese Informationen machten uns alle **sprachlos.** Max hatte das Kapitel gelesen und gab uns den Inhalt mit lauter Stimme wieder:

– Also, **er ist 7 Blöcke groß.** Seine Rüstung besteht aus den **Knochen eines Witherskeletts.** Dem Buch zufolge hat ein Urkk **dreimal mehr Lebenspunkte als ein Eisengolem.** Das bedeutet **viele, viele Herzen.** Doch das verrückteste an diesem legendären Monster ist **seine Waffe. Er besitzt eine spezielle**

URKKS ANGEL

KÖDER II

SCHÄRFE VII

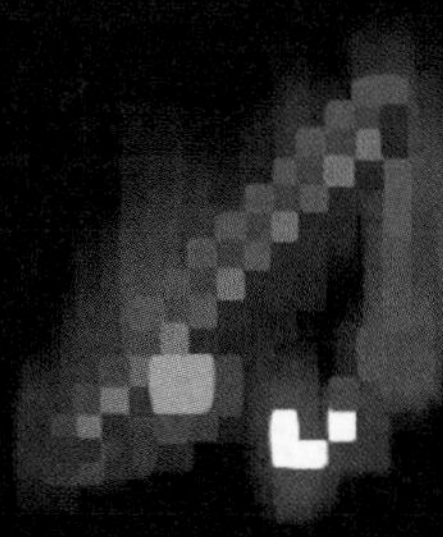

Angel – sie ist absolut **einzigartig.** Niemand weiß, wie sie hergestellt wird. Ihre Reichweite ist **größer** als die einer normalen Angel, und sie ist größer. Mit den Verzauberungen **Köder II** und **Schärfe VII** erweist sie sich als **ausgesprochen gefährlich.** Sie erreicht jedes Ziel und verursacht **maximalen Schaden.**

– Ich wusste gar nicht, dass es **die Verzauberung Schärfe** bis zur **Stufe VII** gibt ... sagte **Alice**.
Überrascht blickten wir drei auf. *(Ich hatte schon völlig vergessen, dass sie da war, obwohl ich sie hatte reinkommen sehen.)*
– Bossmonster haben meist **seltsame Waffen** und **außergewöhnliche Fähigeiten.**

Ich hatte lähmende Angst.

– Wie soll man sich vor so etwas bloß **schützen?**

– **Mmmmh …** sich gar nicht erst erwischen lassen?, fragte Max.

– **Pfff**, hast du keine bessere Idee?

Mastoc zeigte rechts unten auf die Seite.

– **Er hat eine Phobie.**

– Was?

– Was ist denn das?, fragte Max.

– Ein anderes Wort für **„Angst"**, antwortete Mastoc. Creeper zum Beispiel haben eine **Katzenphobie**, und die Skelette haben **Angst vor Hunden.** Dieser Boss hat auch eine Phobie.

Er hat Höhenangst!

– **Interessant …** sagte er und las weiter. Er fürchtet sich vor Stürzen aus einer Höhe von **mehr als 5 Blöcken.**

Mastoc sprang plötzlich auf.

– Warum sitzen wir noch hier? Wir tun nichts und reden nur … **Wir müssen den Bürgermeister informieren!**

Ich fürchte, der Bürgermeister wird uns nicht glauben, aber einen Versuch ist es wert.

Max klemmte sich das **Buch der legendären Monster** unter den Arm, und wir machten uns auf den Weg.

Der Knall einer Explosion hallte durch die Straßen. Es folgte ein mächtiges Grollen, dass nur von einem **riesigen Schweinezombie** stammen konnte.

Ich zog mein Holzschwert und dachte an die Worte von Max.

An die Freunde, an die Familie, an die kleinen Jungen, die auf der Straße spielen. Kein Monster darf ihnen jemals etwas antun.

Urkk, nimm dich in Acht!

Das wird **dich teuer zu stehen** kommen.

SAMSTAG
DER KRIEG! TEIL 1

Habt ihr schon einmal ein Dorf **vor Anbruch der Nacht** beobachtet? Alle Dorfbewohner setzen sich hastig in Bewegung, um schnell nach Hause zu kommen, bevor die Sonne untergeht. **Explosionen** bewirken das gleiche. **Allerdings am helllichten Tag.**

Und mit viel mehr Geschrei.

Trotz des wochenlangen, intensiven **Trainings** war niemand darauf vorbereitet.

Es herrschte totales Chaos.

Im Osten stieg Rauch auf, doch kaum einer hatte Lust, lang genug draußen auszuharren, um an der **Monsterparty** teilzunehmen. Nur einige wenige liefen wie ein Schwarm verwirrter Fische gegen die Strömung in Richtung Rauch. **Meine Freunde und ich** schlossen uns ihnen an.

Waren wir jetzt **mutig? Oder naiv oder dumm oder verrückt oder sogar alles auf einmal?** Ihr könnt das nennen, wie ihr wollt, aber

Tatsache ist, dass wir **der Knallerei** ein Ende setzen wollten.

Unser Hass auf Monster brodelte schon lang, sehr lang in uns ... lange, bevor sie die ersten **Creeperbomben** auf uns geworfen hatten. Wir konnten jahrelang nicht ruhig schlafen, weil wir uns ständig das Zischen der Spinnen und das Klappern der Skelette anhören **mussten** ...

Damit ist jetzt Schluss!

Wir wollen das nicht mehr **mitmachen.**

Ich werde euch die Schlacht hier nicht im Einzelnen schildern. Ich müsste ständig Sätze wie **„ich machte dies"** oder **„dann machte ich das"** ... wiederholen.

Um **ehrlich zu sein,** kann ich mich auch nicht sonderlich gut an die Geschehnisse erinnern. Es war alles so verwirrend.

In den ersten Sekunden erging es mir wie allen anderen:

Es fiel mir schwer **zu begreifen,** dass wir vor dem größten Monsterangriff standen, den das Dorf je erlebt hatte,

und das mitten am Tag.

SAMSTAG
DER KRIEG! TEIL 2

Das erste, was ich bemerkte, war: **Die Zombies marschierten ganz ruhig im Sonnenlicht**. Sie zogen die Füße nach – was sie immer tun – aber sie fingen kein Feuer.

Warum?

Sie trugen **eine Rüstung.** Bei einigen war die Rüstung **vollständig aus Leder,** andere wiederum trugen eine **Eisenrüstung. Einen Helm** hatten alle, egal aus welchem Material.

(Einige Zombies trugen Helm und Stiefel, aber weder Brustpanzer noch Hosen, was ziemlich ulkig aussah.)

Trotz des **Schreckens** und der **Panik** erinnerte ich mich, dass Zombies mit einem **Helm** vor den Sonnenstrahlen geschützt sind. **Das seltsame jedoch ist,** dass Zombies mit Rüstungsteilen **ausgesprochen selten** sind. **Aber eine ganze Armee?**

Dennoch erschien mir **eine in Leder gekleidete Zombiearmee** nicht **allzu beeindruckend,** wenn man mal von der Zeit absieht, die sie gebraucht haben müssen, um sich anzuziehen. **Ja, ist doch wahr!** Habt ihr schon einmal versucht, eine Rüstung komplett aus Leder herzustellen? Das ist fast eine **Lebensaufgabe**. Man braucht **50 Kühe,** die tagsüber **ständig** gefüttert werden müssen, dauernd hört man ihr **Muhen,** und man fragt sich, ob man auch ausreichend

Heu hat. Das muss man dann nachts anbauen und dabei noch auf **tausend andere Dinge** achten, wie zum Beispiel: Habe ich genug Fackeln? Sollte ich Knochenmehl verwenden, damit es schneller wächst? Muss ich mehr Samen aufsammeln? Oder sollte ich einfach ins Flachland gehen und dort Pferdeleder sammeln?

Spätestens jetzt werdet ihr diese Idee aufgeben und in einer Mine nach **Eisen** graben, das man viel schneller findet als **50 Rinder.**

Ich stelle noch einmal klar, dass nur **eine einzige Rüstung** diese Heidenarbeit erfordert. Also könnt ihr euch dies für **etwa hundert** vorstellen? Das ist in etwa die Zahl der Zombies, die ich heute gesehen habe, **von Kopf bis Fuß** in Leder gekleidet.

Wie haben sie es gemacht? Sie haben also Kühe gezüchtet, **viele, viele Kühe.** Irgendwo in Minecraftia muss es einen Bauernhof voller Kühe geben. Er muss mindestens so groß sein wie unser Dorf und wird von Monstern betrieben. Aber sie haben auch

Minen und ganz sicher eine **Schmiede.** Außerdem verfügen sie nicht nur über Rohstoffe, sie wissen sie auch zu bearbeiten. Das heißt also ... es gibt auch **Schmied**zombies. Und **Bergarbeiter**zombies.

Fleischerzombies. **Rüstungsschmied**zombies. **Architekten**zombies. **Koch**zombies. **Bäcker**zombies ... **Zombies,** die **Redstone-Ingenieure** sind.

Kurz gesagt: Zombies, die alles können!

Natürlich darf man diese Überlegungen nicht nur auf Zombies beschränken. Wer weiß, vielleicht gibt es ja auch **einen elektrischen Holzfällercreeper!**

Der **Creep-o-fäller**
Er ist so stark, dass er die Axt mit den Zähnen hält. MIT SEINEN ZÄHNEN. Und wenn seine Axt zuschlägt, lässt die Explosion Holzscheite regnen.

Mich überrascht nichts mehr, **ehrlich.** Na gut, wie ihr seht, bereite ich mich auf das echte Leben vor. Sollte ich also jemals einem angelnden Schleim begegnen, werde ich weder ausrasten noch geschockt sein.

Ich werde ihn auch nicht beleidigen, indem ich ihn frage, wie ein Schleim denn angeln kann, **wo er doch gar keine Arme hat.** Stattdessen werde ich mich neben ihn stellen, meine Angel auspacken und ihn fragen, ob die Fische **anbeißen.**

Skelette als Bibliothekare oder **Endermen als Schäfer** könnte ich noch akzeptieren. Was ich aber nicht akzeptieren kann, ist das: Wer weiß, vielleicht haben Zombies **einen höheren Kampfscore** als ich?

Krieger ... zombies?

Unmöglich!

Das kann ich mir nicht vorstellen!

Ergriffen von einer **plötzlichen Wut,**

erschlug ich einen Zombie mit meinem Holzschwert.

SAMSTAG
DER KRIEG! TEIL 3

Als nächstes erinnere ich mich an die Frage:

Was macht ein Zombie, nachdem man ihn angegriffen hat?

Nun gut, er schlägt zurück!

Wer hätte das gedacht?

In wenigen Sekunden **lernte ich mehr** über den Kampf gegen Monster als in vielen Kampfunterrichtsstunden. Steve ist ein **toller Lehrer,** das ist nicht das Problem, und Perce hat mich **getriezt** wie bisher keiner, aber dieser Zombie zeigte mir, wie **stark** Monster sein können. Mir wurde **rot** vor Augen. Eine Welle des Schmerzes überrollte mich. **Ich verlor zwei Herzen.**

Der Mut, den ich noch wenige Sekunden zuvor gespürt hatte? **Verschwunden.** Wie Schnee in der Sonne, wie ein Enderman im Regen, wie Wasser **im Nether,** wie ein Pilz im Licht, wie ein Springbrunnen, dessen Wasserquelle mit einem Eimer gestohlen wurde!

(Das letzte Beispiel hinkt ein bisschen, nicht wahr? NAJA ...)

Die Wucht des Schlags hatte mich nach hinten **geschleudert.**

Dann kam mir **ein furchtbarer Gedanke** in den Sinn: **Das ist real.** Alles ist real. Ich bin **dem Tod** um **20 % näher,** noch ein bisschen, und **puff!** Ich ende als kleine Rauchschwade. Wenn ich zu viele Fehler mache und zulasse, dass dieser Riesenstinker mir wehtut, **ist es mit mir zu Ende.**

Mein Körper war **schwer** und **kalt**. Ich fühlte mich, als hätte ich einen Amboss im Bauch und Eisblöcke in den Adern. Ich hatte alles vergessen von der **Einführung zum Kampf I** über General Minus bis selbst zum Wort **„Krieger"** ... hopp! **Aus meinem Kopf entschwunden. Alles vergessen.** Alles, was ich gelernt hatte, was Steve mir beigebracht hatte oder was Perce in die Tiefen meines Gehirns gebrüllt hatte ... verschwunden, wie **ein verzaubertes Diamantschwert,** das in der Lava untergeht.

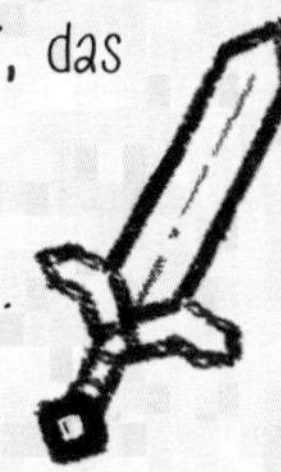

Fast wäre ich ... **davongelaufen.**

Bitte versteht mich!

Es spielt keine Rolle, dass selbst ein Eisengolem angesichts so vieler Monster geweint hätte. Wie sagte Urf: **„Sie stiiiinken."** Seine Stimme klang **ernst und ängstlich.** Dann gab er ein lautes Grunzen von sich, dass ich hier unmöglich aufschreiben kann. Es hörte sich fast so an, als wäre ein Schweinezombie von einem Blitz in den Hintern getroffen worden. Er eilte überstürzt zum nächsten Haus und warf einen Blick durch das Fenster. Er hatte einen **lächerlichen Gesichtsausdruck,** wie ein Creeper, der ganz dringend auf die Toilette muss.

Am meisten aber **nervte** Perce. Wir konnten ihn von weit her schreien hören, **so laut,** dass uns schon die Ohren weh taten.

– BILDET EINE LINIE, IHR DÄMLICHEN HASENREITER!!!
EINE FORMATION!!!

Bah... **Niemand** beachtete ihn. Sie waren alle viel zu aufgeregt, durcheinander oder **unruhig.**

Überall konnte man dasselbe sehen. Jungen und Mädchen, **engste und beste Freunde,** die gemeinsam gegen die Zombies kämpften.

Chris und Kevin.

Joanne und Jamie, die Zwillingsschwestern.

Auch eine große Gruppe hatte sich gefunden: **Kristen, Brennan, Marco, Beth, Jackson, Jenn, Tanesha** und ein Junge namens **„Tarn-Kid"**. Sie kämpften **mutig** und ignorierten die Anweisungen von Perce. Er hatte uns befohlen, **„eine Linie zu bilden"**, was aber unmöglich war, denn die Zombies waren **überall.**

Es war **wirklich übel,** bis es schließlich aus Mastoc hervorbrach:

– Ich hoffe, du hast **einen Amboss** dabei! Weil du gleich die Fassaden reparieren musst!

Er stieß einen Kampfschrei aus und schlug **wieder und wieder** auf einen Zombie ein, der vergeblich versuchte, den Hieben auszuweichen … bevor er zu einem Häufchen **grauen Staubes** zerfiel.

Erfahrungspunkte wirbelten umher und flogen zu meinem Freund, der mit seinem Schwert wild **herumfuchtelte**.

Die Leute applaudierten, als hätte er gerade eben **den Enderdrachen** höchstpersönlich erledigt. Das alles gab mir neue Kraft, und meine **Lebensgeister kehrten zurück.** Die langen Wochen des Kampf-trainings machten sich nun doch bemerkbar. Als mich der nächste Zombie angriff, **war ich darauf vorbereitet.** Als er zurückwich, setzte ich entschlossen nach und schlug erneut zu.

Nach drei Hieben
hatte ich meinen
ersten Gegner besiegt.

Ich konnte deutlich spüren, wie die Erfahrungspunkte mich mit **neuer Energie** versorgten. Kurz nach mir erschlug Max seinen ersten Zombie. Ich hörte ihn **so etwas murmeln** wie: So cool, wie man liest, ist es auch wieder nicht, sein erstes Monster zu töten.
Immer mehr Dorfbewohner **schlossen** sich uns an. Wir drängten die Zombies immer weiter zurück *(oder besser gesagt, wir schnitten sie in Stücke)*. **Mikes Ankunft** hob die Moral der Truppe weiter.

– Ich habe alles gesehen, sagte er zu Mastoc. **Sehr gut,** aber werdet nicht übermütig, klar? Das gilt auch für euch beide.

– **Okay, hurrr.**

– In Ordnung, Mike.

– Mach dir keine Sorgen, wir sind **vorsichtig.**

Der Krieger zwinkerte uns zu.

– Ihr seid wohl **die drei Muske-Noobs?**

Ich wusste nicht, wovon er sprach.

– **Ääh... wer?**

– Ach, vergiss es.

Hurrrggg.

Ich hatte immer versucht, mir **die seltsamen Worte** zu merken, die Steve von sich gab, und nun fing auch Mike damit an. Auch Max schien damit unzufrieden zu sein.

– Also ehrlich, wenn eines Tages noch mehr **Freunde von euch** ins Dorf kommen, sollten wir darüber nachdenken, einen **Kurs in Erdensprache** einzurichten.

SAMSTAG
DER KRIEG! TEIL 4

Die nächste Sache, von der ich euch berichten möchte, ist vielleicht auch die **interessanteste**, zumindest aus meiner Sicht: **die Strategie.** Natürlich nicht unsere, denn die bestand ja fast ausschließlich aus **Schreien, Zittern** oder **Panikattacken.**

Die Monster dagegen ... sie handeln. Als **künftiger Krieger** muss ich zugeben, dass ich die Art bewundere, mit der sie vorgehen. Selbst Perce war beeindruckt und schrie uns an. Er würde lieber die Seiten wechseln, als eine Armee verlauster Bauern mit dem **Gehirn einer Karotte** zu befehligen. Das war noch das netteste, was er von sich gab.

Nun aber zu der Strategie, die sie am häufigsten anwandten: **dem Zombietanz.** Die Zombies waren sich durchaus darüber bewusst, dass sie der **minderwertigste Teil** der Armee waren. Darum standen sie in der ersten Reihe und schützten so die Skelette.

Der Fachbegriff dafür lautet: **„Kanonenfutter".**

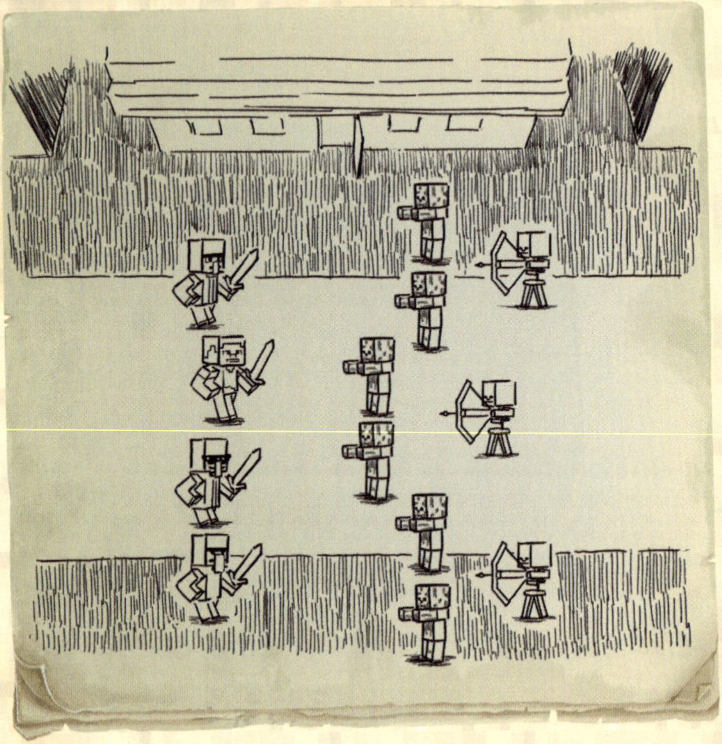

Aber das war nicht alles, **nein, nein.** Manchmal **zischten** die Zombies einander etwas zu, wie in einer fremden Sprache. *(Es schien eine sehr alte Sprache zu sein, wie man sie auch auf den Zaubertischen findet.)* Daraufhin **gingen die Zombies zur Seite** und ließen gerade genug Platz, damit die Skelette uns mit ihren **Pfeilen** beschießen konnten.

Kamen wir **einem Skelett zu nahe,** ging der Zombie wieder an seine Ursprungsposition, um das Skelett zu schützen. **Unglaublich,** findet ihr nicht? Auch Mike konnte es kaum fassen:

– Sie kämpfen jetzt in Formationen? Wie auf einem Mehrspielerserver?!

Max schärfte einen Pfeil mit seinem Schwert und sagte:

– **Willkommen in unserer Welt, Junge!**

Die Monster hatten allerdings mehr als nur einen Trick auf Lager. Eine Spinne trug ganz allein **fünf Skelette** auf das Dach eines Hauses. Einige Zombies waren mit Äxten bewaffnet und schlugen **als Überraschungsangriff** Löcher in die Mauern.

Ein Zombie benutzte ein **Feuerzeug** und zündete alles auf seinem Weg an. So verloren wir viele Häuser.

Am verrücktesten aber war **das „Zombie-Sandwich"**. Zuerst wusste ich gar nicht, was ich davon halten sollte.

„Was ist ein Zombie-Sandwich?", werdet ihr nun sicher fragen. **„Was sind die Zutaten?" „Wie bereitet man es zu?"**

Also, hier kommt **das Rezept:**

Schritt 1 – Ihr nehmt **drei bis fünf Creeper.**

Schritt 2 – Dann umzingelt ihr die Creeper mit mindestens **acht Zombies** *(es können auch bis zu elf sein).*

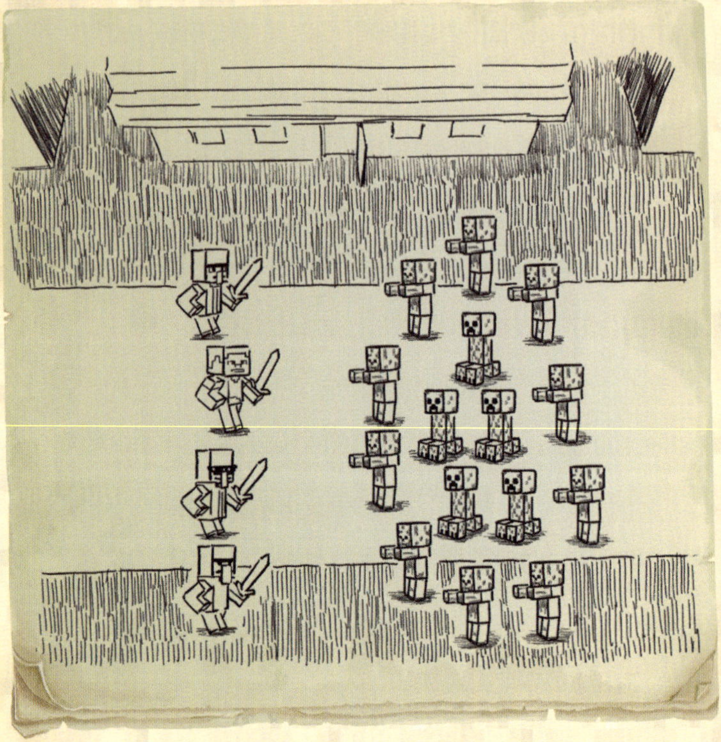

Schritt 3 – Heult euch die Tränen aus dem Leib.

Es bleibt **kein einziger Block** übrig, wenn man die Creeper nicht los wird, bevor sie **explodieren.** Als sie begannen zu **zischen** und zu **blinken,** konnten wir uns nur noch zurückziehen. Sie machten dies **mehrere Male**, als wollten sie mehrere Gebäude auf einmal zerstören oder eine ganze Gruppe von Eisengolems töten.

Erstaunlicherweise entfernten sich die Zombies meist noch rechtzeitig, bevor die Creeper explodierten, und **minimierten** so ihre Verluste.

In der Zwischenzeit konnten viele Dorfbewohner in unserem Lager **kaum** noch ein Schwert halten.

Unentwegt wurde derweil
über die Verteidigung gegen die Monster diskutiert!

Eher würde es im Nether schneien,
als dass Perce aufhören würde, uns zu **beschimpfen.**

SAMSTAG
DER KRIEG! TEIL 5

Ich möchte nicht behaupten, wir hätten **ganz ohne Strategie** gekämpft. Einmal warfen sich **zwei Zombies** auf mich, und ich konnte mich nur um einen von ihnen kümmern. **Ein Pfeil** durchschnitt die Luft, flog über meine Schulter und **traf den zweiten Zombie** am Arm. Es war zwar kein **tödlicher Schuss** *(ich hätte ihn jedoch nicht besser schießen können)*, aber der Zombie wurde **zurückgeschleudert,** was mir die Zeit gab, mich um den anderen zu kümmern. So kamen beide an die Reihe, bevor ich mich neugierig umsehen konnte.

Wer hatte diesen Pfeil geschossen?
Er muss vom Dach eines Hauses gekommen sein.

Natürlich.

Sie **verfolgte mich** immer noch, sogar mitten im Kampf. Egal, wo ich hinging, **sie war da,** irgendwo im Hintergrund ...

Sie ist ein Fan ... und zwar ein verrückter. Egal, jedenfalls hat sie mir aus der Patsche geholfen. Vielleicht bin ich zu hart ... **Nein, bestimmt nicht.** Wenn sie mit **mir befreundet** sein will, sollte sie mit mir sprechen, anstatt ständig hinter mir her zu **spionieren.** Außerdem ist der Kampfunterricht wegen ihr **mega langweilig** geworden. Wenn sie nicht dauernd in meiner Nähe wäre, hätte Perce mich mit **meinen Freunden** trainieren lassen.

Ich will, dass sie **mich in Ruhe lässt!**

Außerdem **brauche ich keine Hilfe!**

Hurrrggg !

Ich war so wütend, **dass ich gleich noch einen Zombie tötete.**

SAMSTAG
DER KRIEG! TEIL 6

Während wir kämpften, **tauchte ein anderes Mädchen** auf. Sie war **echt super.** Gut, das war nicht irgendein **„Mädchen"**. Sie heißt **Esmeralda** und ist in der Schule **sehr beliebt.** Ich habe noch nie richtig mit ihr gesprochen, weil sie mich irgendwie nervt. **Sie gibt voll an, verspottet** alle, **lacht** viel und sucht förmlich nach Streit.

Obwohl sie sich meist wie ein kleines Mädchen gibt, kann sie **fuchsteufelswild** werden. Max hatte sich einmal auf der Straße mit ihr gestritten. Sie schrie noch lauter als Perce.

Nachdem sie einige Monster getötet hatte, drehte sie sich um und **rannte mich fast um.**

– **Tut mir leid**, sagte sie und lächelte süffisant. Du bist … **ääh …** mir in den Weg gelaufen.

– **Ist in Ordnung, hurrr.**

Sie warf einen Blick auf die **Staubhäufchen** um uns rum.

– Ihr schlagt euch ganz gut, was?

– Ja, ich denke schon.

Sie nickte bedächtig.

– Sagt mal, habt ihr **Pierre** gesehen?

– Nein. Hoffentlich hat ein Eisengolem ihn für einen Zombie gehalten.

Sie blickte mich **beleidigt** an, wie eine Katze, die man draußen im Regen stehen gelassen hat.

– **Humpf!** Wie kann man nur so etwas Böses sagen!

Dann **zog sie ab.** Gehörte sie nun auch zum **Team von Pierre …?**

Meine Wut kochte in mir bis zum **Maximum**. Ein weiterer Zombie näherte sich mir und hatte keine Ahnung, was ihn erwartete.

Er tat mir fast schon leid.

SAMSTAG
DER KRIEG! TEIL 7

Nun gut, ich war **ziemlich genervt,** beruhigte mich aber schnell wieder. Ihr könnt euch sicher vorstellen, wie gern ich **ein Diamantschwert** in den Händen gehalten hätte. Aber Diamanten **sind mega teuer.** Doch diese Schlacht bot die Gelegenheit, **leicht reich zu werden.** Mehrere unserer **Eisengolems** waren damit beschäftigt, die Monster tanzen zu lassen. Also lief ich einfach hinter einem Golem her und sammelte die Gegenstände auf, die er **hinter sich verstreute.**

Warum auch nicht? Ein Golem konnte eh nichts damit anfangen. Und es war ja besser, ich sammelte sie auf, als **der erstbeste Noob, der vorbeikam.**

Leider war der Golem etwas langsam. Vielleicht war er **eingerostet.**
Er warf einen Zombie in die Luft, und ich musste nur warten, bis er hinunterfiel, der Golem ihn wieder hoch warf usw.
Doch der Golem schleuderte den Zombie auf ein Dach.
Der Zombie **stieg nicht mehr herunter**, er wusste, dass er Glück gehabt hatte und blieb da oben sitzen. **Hurg.**

Danach **folgte ich Mike**. So schnell, wie er vorankam, würde ich bei ihm wohl sehr viel effizienter **Rohstoffe aufsammeln** können. Außerdem hatte er ja schon genug **Smaragde** und wäre wegen ein oder zwei Sachen sicherlich nicht kleinlich. Nur ein oder zwei Gegenstände!

Wow!

Ich hatte mich getäuscht, aber wie!

Mike sah mich an, als hätte ich seine **geheime Endertruhe** vollständig ausgeraubt.

– Warum lachst du, Minus ? **Das ist nicht witzig!**
Lass die Finger von meinen Sachen, **du Noob!**

Ha**ha**ha.

SAMSTAG
DER KRIEG! TEIL 8

Plötzlich kam **Alice** vom Dach herunter.

Ihr mussten **die Pfeile ausgegangen** sein. Aber auf dem Boden schien sie ängstlich und hatte nicht einmal ihr Schwert gezogen. Vielleicht hatte sie auch gar keins. **Was für ein Noob ...**

Mehrere Zombies schlurften auf sie zu – *Steve hatte einmal gesagt, dass sie in der Lage sind, Schwäche zu erspüren* –, **ich warf mich natürlich** dazwischen, schaute mich kurz um und rief:

– **Was machst du da? Lauf zurück!**

Sie **rannte** los, so schnell ihre Füße sie trugen, gerade noch rechtzeitig, bevor die Zombies **sie trafen.** In einem Moment der Unaufmerksamkeit hätte ein Monster mich fast erwischt. Ich sah **seine Pranken** erst drei Zentimeter vor meinem Gesicht, konnte den Schlag gerade noch vermeiden und versuchte mich zu sammeln.

Was geschah mit mir?

Ich hatte mehr an **ihre Sicherheit** gedacht als an meine. Fing ich etwa an, **mir Sorgen um sie zu machen?**

SAMSTAG
DER KRIEG! TEIL 9

Kurz vor dem **Ende der Schlacht** bemerkte ich etwas **Sonderbares.** Es war **Brio** – ihr wisst schon, der Dorfbewohner in **der dunklen Robe** mit der Sonnenbrille.

Er stand **im Glockenturm einer Kirche, megaweit weg.**

Er **beobachtete uns ...** sah nur zu, wie wir um unser Leben kämpften. Natürlich konnte ich ihn nicht lange im Auge behalten, ich war gerade dabei, einen Zombie zu **massakrieren.** Aber einige Minuten später **entdeckte ich ihn oben** auf dem Turm **wieder.** Von dort sprang er auf das Dach eines Waffenladens, dann auf das Straßenpflaster und entfernte sich langsam. **Sehr seltsam ...**

Und das war **nicht alles:** Er wandte sich einer Gegend zu, die – *falls meine Überlegungen richtig sind* – von Monstern **überschwemmt** war. Eine Gruppe von Jungen war von dort geflohen, sie warnten uns, nicht dorthin zu gehen. Es musste dort schrecklich sein, weil sie kalkweiß im Gesicht und **einem Ghast** begegnet waren.

Brio dagegen wirkte ganz **entspannt** – *er schien keine Angst zu haben und war auch unbewaffnet.* Er verschwand schließlich hinter einem Haus. Sehr **eigenartig.**

Was trieb er? Wohin ging er? Ich war so neugierig, ich wäre ihm am liebsten **gefolgt.**

Als ich über das Stimmengewirr hinweg einen lauten Ruf hörte, ging ich zur Schlacht zurück:

– **Seht hin!**

– **Ein Loch** in der Kampflinie der Monster!

Perce schrie aus vollem Leib.

– ALLE ZUSAMMEN!!! KEINE GNADE!!!

Dann schrien sie alle:

– **AAAUUUFF SIEEEE!!!**

Eine Welle wütender Dorfbewohner,
angefeuert von einem **noch wütenderen** Kampflehrer,
warf sich auf die **sich im Rückzug befindende Monstermenge.**

SAMSTAG
DER KRIEG! TEIL 10

Zwanzig Minuten später waren die Monster **dezimiert.**

Eine **eigenartige** Stille legte sich über das Dorf. Mastoc setzte sich neben mich und bot mir ein Stück Brot an. Gerade genug, um **meine Lebensleiste wieder aufzufüllen.**

– Danke, sagte ich. Du warst echt **super** heute.

Er zuckte mit den Schultern.

– Ich bin wirklich froh, dass **Urkk** sich heute nicht hat blicken lassen.

– Das stimmt.

In diesem Augenblick **erschien Steve** an der Straßenecke und kam auf uns zu. Besser gesagt, **„er schleppte sich"** zu uns. Er war über und über mit Staub und **Schleim** bedeckt. Seine Rüstung war **zerfetzt** und er bewegte sich langsamer als ein müder Zombie mitten im Seelensand voller Spinnennnetze.

Er warf sein Eisenschwert auf das Pflaster **und seufzte.**

– Ich habe genug von diesen Monstern.

Ich stand auf.

– Wo bist du gewesen??

– **Am Kampfübungsplatz.** Sie waren fast bis zur Straße des Sonnenuntergangs vorgedrungen. Ihr glaubt nicht, **wie viele** es waren. Wahrscheinlich wollten sie **die Schule** einnehmen.

Er schloss die Augen und lehnte sich erschöpft an die Wand.

Was?

Was sagte er?

Die Schule?

Das ergab keinen Sinn. Warum die Schule und nicht das Haus des Bürgermeisters, die Bauernhöfe oder die Lagerhäuser? Doch ich war **viel zu müde,** um diese Fragen laut zu stellen.

Die Stille wurde plötzlich von immer lauter werdenden **Schreien** und **Jubelrufen** unterbrochen. Zuerst dachte ich, die Dorfbewohner und sogar der Bürgermeister näherten sich, um uns zu unserem Sieg zu **gratulieren** ... bis ich bemerkte, dass sie gar nicht jubelten ... **sie riefen** immer nur ein Wort, oder eher **einen Namen.**

„... Pi-erre!!! **Pi-erre!!!** Pi-erre!!! **Pi-erre!!!** Pi-erre!!!“

Eine Menge von mindestens hundert Leuten kam auf uns zu. Sie trugen **Pierre** und **Esmeralda** auf ihren Schultern.

Wütend schmetterte ich

mein Schwert aufs Plaster.

SONNTAG

Am Sonntagmorgen war das Dorf mit Plakaten gepflastert:

Pierre, der Kriegsheld. Der große Sieger im Krieg gegen die Monster. Er hat – *so stand dort* – **15 Zombies, 8 Skelette, 5 Creeper, 2 Spinnen, einen Enderman und ein Huhn** getötet.

(Das mit dem Huhn war ein Unfall, behauptete er jedenfalls.)

Eine **beeindruckende** Jagdausbeute, jedenfalls größer als meine, und vom Bürgermeister **bestätigt,** der alles mit angesehen hatte.

Esmeralda wurde **noch mehr** gefeiert. Das junge Mädchen mit der rosafarbenen Robe, das so selbstverständlich mit den Zombies kämpfte, hatte alle besonders beeindruckt. Ich kann dazu nur eines sagen: Die beiden waren zufällig zur rechten Zeit am rechten Ort, **oder?**

Mehr nun wirklich nicht.

Am Nachmittag wurde in einer feierlichen **Zeremonie** all jenen gedankt, die an der **Verteidigung des Dorfs** teilgenommen hatten.

Natürlich waren wir auch eingeladen, aber unsere beiden **„Helden"** haben allen anderen die Schau gestohlen.

Das ist aber nicht der Grund, weshalb **ich eifersüchtig bin.** Was wirklich weh tut, ist, dass sie so **tolle Umhänge erhalten** haben. Es sind **wirklich** die **coolsten** Umhänge, die ich je gesehen habe. **Sie sind verzaubert** mit einer Art **Feuerresistenz.**

Jeder, der am Kampf **teilgenommen** hat, bekam auch einen Umhang verliehen, aber die waren alle **blöd** – *nur Noobs lassen sich von solchen Lappen beeindrucken.* Als ich meinen anprobierte, sagte Steve:

– Da hast du aber ein schönes **„Lätzchen"** ... was auch immer das sein soll. Als ich ihn danach fragte, wollte er mir nicht antworten und bemerkte nur, ich sei für heute schon **enttäuscht** genug.

Das Schlimmste von allem: **Pierre** ist jetzt auf **Platz 1** und **Esmeralda** auf **Platz 2 ...** Das bedeutet wahrscheinlich, dass Max und ich jetzt **Nummer 3 und 4** sind. Niemand weiß, wer der andere Schüler **unter den Top 5** ist. Warum geben die Lehrer immer noch keine **offizielle** Rangliste heraus? Bisher müssen wir uns noch damit begnügen, hin und wieder einen Blick auf das Register des einen oder anderen Schülers zu werfen.

Im Übrigen haben wir dem Bürgermeister von **Urkk** erzählt. Und siehe da! Er fragte uns tatsächlich, woher wir denn überhaupt **von ihm** wüssten. Wir konnten ihm ja schlecht sagen, dass wir nachts aus dem Dorf **geschlichen** waren, also erzählten wir ihm, wir hätten ihn gesehen, als wir uns auf der Festungsmauer aufhielten.

– **Das war bestimmt nur eine Kuh,** sagte er. Sie können hier sehr groß werden. **Urkk ist nur eine Legende,** mehr nicht. Monster dieses Schlags gibt es heute nicht mehr.

Warum bin ich auf einmal so müde?

(Hier sollte eigentlich noch ein Abschnitt über den Noobismus des Bürgermeisters folgen.)

Ich bin gerade vollkommen fertig und habe nicht mehr die **Energie,** eine passende **Beleidigung** zu finden. Ich komme später wieder darauf zurück und werde die Lücke füllen.

Ah! Bevor ich es vergesse ...

Die Frage ist ein bisschen peinlich ...

wie findet ihr **meinen Umhang?**

Er ist ein bisschen **schief,**
weil er links immer verrutscht.
Ich kann es leider nicht verhindern,
so sehr ich es auch versuche.

Was? Ich habe es nicht richtig verstanden!

Ihr findet mich **megacool?**

Super, danke! Ich werde ihn also weiterhin tragen.

(Übrigens ... Was ist ein „Lätzchen"?)

MONTAG

Heute fand kein Unterricht statt. Unter dem Eindruck des **Angriffs** hatte der Bürgermeister neue **„Gebäuderichtlinien"** zur **Verbesserung des Monsterschutzes** erlassen. Er ordnete an, dass alle ihre Häuser entsprechend aufrüsten sollten.

Obwohl es ein Gesetz war, **strengten** sich die meisten Familien **nicht allzu sehr** an. Doch wenn ihr euch noch an die Geschichte mit **„Filous Ausflug in die Schule"** erinnert, wisst ihr sicher, dass meine Mutter diese Maßnahmen nicht **auf die leichte Schulter** nahm. Bei dem Begriff **„Verbesserungen des Monsterschutzes"** dachte ich an Lavagräben, an Fallen mit Kolben ... kurz: an so ähnlich verrückte Dinge.

Na gut.

Gut.

In Wahrheit aber bestanden diese Verbesserungen nur darin, unsere Fußböden durch **Bodenplatten aus Stein** zu ersetzen. Also hob ich die Erde 5 Blöcke um unser Haus aus und ersetzte sie durch **Steinplatten**. Steinplatten werden durch **Explosionen** nicht zerstört – *siehe Seite 7 der Gebäuderichtlinien.*

Die Platten sind **schwer** und nicht leicht zu legen – *siehe die Schwierigkeiten des zwölfjährigen Dorfbewohners Minus.*

Etwa **hundert** Platten später sagte ich mir:

„Oh, mein Kleiner, deine Arbeit ist noch **nicht beendet!**"

Ein Haus sollte auch eine Regenrinne erhalten, damit die Spinnen nicht auf das Dach klettern können.

Dazu musste ein Zaun aus Stein gebaut werden, damit er Feuer und Explosionen standhielt.

Schließlich besagte A7F der Gebäuderichtlinien, dass die **Tür aus Eisen** sein muss und sich nur mittels eines **Knopfes** und nicht einer **Druckplatte** öffnen lassen sollte, damit die Monster nicht eindringen konnten. Als wenn diese Art von Monstern nicht wüsste, **wie man einen Knopf betätigt.**

Darum sage ich ja, dass der Bürgermeister nur Unsinn verzapft. Er hat noch nicht kapiert, dass die Monster **intelligent** sind.

Sehr intelligent sogar. Sie sind erstaunlich, absurd, lächerlich, großartig, **unglaublich intelligent.** Wenn sie sich eine Technik wie das **Zombie-Sandwich** ausdenken konnten, äh, konnten sie wahrscheinlich auch mit einem Finger auf einen Knopf drücken.

Und wenn sie keine Finger hätten, könnten sie gegen den Knopf **springen** und ihn mit einer Kopfnuss betätigen. Und wenn sie keinen Kopf hätten, **naja ...** ich weiß nicht, wie sie es dann machen würden, bin mir aber sicher, dass sie auch dann einen Weg finden würden. Hinzu kommt dieser ganze Stein, das ganze Eisen ... **ich finde das nicht schön!**

Unser Haus sieht jetzt so ... **fade,** kalt und gefühllos aus.

Graue Mauern.

Graue Böden.

Graue Zäune.

Graue Türen.

Ich könnte das neue Haus auch kurz zeichnen, aber es würde **echt** zu **traurig** aussehen. Ihr würdet sicher sofort anfangen **zu weinen.**

Sogar **Steve** konnte sich eine Bemerkung nicht verkneifen.

– Wenn alle Häuser so wären wie deines, würde das Dorf aussehen wie in einer **Dystopie.**

Dystopie?

Ich wusste nicht, was er damit sagen wollte, aber **es war sicherlich kein Kompliment.**

Und dann hat … Pierre noch meinen Umhang bemalt.

Mit gelber Schrift.

DIENSTAG

Brio hat mich nach der Schule **entführt.** Wie beim letzten Mal war das **„Nicht-Gefängnis“** voller **schwarz gekleideter** Dorfbewohner. Und wie beim letzten Mal bot Brio mir einen **Imbiss** an.

Eigentlich war er **ganz freundlich,** bis …

– Sag mal, Minus … hast du schon einmal **Schleime** gesehen?

Mir brach der **kalte Schweiß aus**.

– **Ähh …** einmal. Bei diesem **„Zwischenfall“**, ich weiß nicht, ob Sie sich noch daran erinnern?

– Ich meinte in **letzter Zeit?**

– **N… nein, nein**, natürlich nicht.

– Das ist **komisch,** denn es ist uns gelungen, deinen **Trank** nachzubrauen. Es handelt sich um einen **„Raketentrank“**. Die geheime Zutat – *die den Trank der Sprungkraft so sehr verstärkt* – ist **fermentierter Glowstonestaub.** Das Komische daran ist, dass er aus Glowstonestaub und einem **Schleimball** hergestellt wird.

Ach so. Verstanden. Ich weiß nicht mehr genau, wann es war, aber es war ein Tag, an dem ich völlig **fertig** aus der Schule heimkam. Der Alchemielehrer hatte uns ein paar Zutaten mitgegeben, damit wir zu Hause arbeiten konnten – *darunter war auch Glowstonestaub.* Ich war jedenfalls so müde, dass ich den Glowstonestaub in **die falsche Truhe** legte. Ich könnte mir vorstellen, dass **Jello** versucht hat, ihn zu fressen, ihn aber wieder ausgespuckt hat.

Es herrschte eine bedrückende Stille, als ich darüber nachdachte. Ich hatte keine Ahnung, was ich **Brio** antworten sollte. Schließlich rutschte mir eine **absolut glaubhafte** Erklärung heraus:

– **Oh!**

Immerhin war es ein **„Oh"** voller Begeisterung, Naivität, ja fast schon Unschuld. Es war das **unschuldigste „Oh"** aller Zeiten. Wer auch immer dieses **„Oh"** gehört hätte, wäre überzeugt gewesen, dass der einzige Schleim, den ich in den letzten Jahren gesehen hatte, jenes **schleimige Zeugs** war, das sie uns jeden Donnerstag in der **Kantine** kredenzen.

Brio zog seine Sonnenbrille ab. **Seeeehr langsam.** Dann legte er sie ebenso behutsam auf den Tisch. Doch sein Gesichtsausdruck war alles andere als mild, sein Tonfall noch weniger:

– **Es ... herrscht ... Krieg** ... und wenn wir nicht aufpassen, **wirklich aufpassen**, werden die Monster uns pulverisieren. **Kapierst** ... du das?

Meine Hände hielten sich **krampfhaft** an den Armlehnen fest. Meine Arme waren **angespannt.** Ich versuchte, still zu sitzen und nicht zu **zittern.**

– Ja.

– **Gut.** Also, wenn du eine Kreatur aufgenommen hast ... und sei sie angeblich noch so unschuldig wie, äh, ich weiß nicht ... **ein Babyschleim ...** solltest du uns das **sofort** sagen.

Wow! Das konnte ich auf keinen Fall tun. Was sollte das überhaupt bedeuten? **Das Jello ein Spion war?** Das war **unmöglich.** Jello ist so freundlich. Er ist eben ein **Gentleman-Schleim**. Selbst wenn er eines Tages Präsident wäre, würde er uns **nichts antun.**

Ich will das Dorf nicht **verraten,** aber mein Haustier möchte ich diesen Leuten auch nicht überlassen. Außerdem ist Jello ein lieber Spielkamerad ... er kann kein **Spion** sein.

– Herr Brio, **ich besitze keine** Kreaturen.

Er blickte mit verschränkten Händen auf den Boden und schien über meine Antwort nachzudenken. Als er schließlich das Wort ergriff, tat er dies mit dem heiteren Tonfall, den ich von ihm kannte:

– **Sehr gut. Exzellente Nachricht.** Möchtest du noch eine gute Nachricht hören? Da du dieses **neue Rezept** erfunden hast, verdienst du eine Belohnung. Wir werden dir in den nächsten Tagen **fünfzig Smaragde** auszahlen.

Peinliche Stille. Ich beschloss, ihm eine Frage zu stellen:

– **Herr Brio?** Kann ich Sie fragen, was Sie letztens gemacht haben?

– Wann denn?

– **Während der Schlacht am Samstag.**

– Du kannst jetzt nach Hause gehen.

Brio erhob sich von seinem Stuhl und ich tat es ihm nach.

– Ach, und halte die Augen offen und erzähle uns alles, was dir **seltsam** vorkommt. Wir glauben, dass sich ein **Spion** im Dorf aufhält.

– **Ein Spion?**

– Ja. Weißt du, wir glauben, dass die Monster die **Schule zerstören** wollten. Doch woher wussten sie, wo sie sich befindet? Jemand muss es ihnen gesagt haben, einer, der hier lebt. Ein Spion, oder besser gesagt, **ein Verräter.** Verstehst Du?

– Ja, Herr Brio.

Ich verabschiedete mich und verschwand, so schnell ich konnte *(nachdem ich mir ein paar Kekse genommen hatte).*

Meine Gedanken rasten mit **tausend Stundenkilometern**.

Ein Spion im Dorf. **Ein Verräter.**

Jello? Nein, unmöglich. Wie sollte er das machen? Alles, was er anstellt, ist Brotkrümel essen. Er verlässt seinen Käfig nie!

Und Alice? Sie ist **super sonderbar.**

Hurrrggg...

Als ich zu Hause angekommen war, öffnete ich die Truhe in meinem Zimmer. Jello war eingeschlafen. Er wachte sofort auf und **hüpfte** freudig umher. Ich nahm ihn auf den Arm.

– Du bist kein Spion, oder?

Zärtlich streichelte ich über seinen Kopf.

– Natürlich nicht, du bist **ein guter, kleiner Schleim.**

MITTWOCH

Habt ihr es bemerkt? Jetzt spreche ich schon seit Wochen über meine Schule und ich habe euch **noch nicht dorthin geführt.**

Ich halte das jetzt für den richtigen Augenblick. Wenn die Monster sie wirklich zerstören wollen, bleiben **wenigstens ein paar Bilder.**

Ich präsentiere: **die Dorfbewohnerschule von Minecraftia.**

Wir lernen hier unter anderem die **Kriegsfähigkeit.**

(Steve behauptet, das Wort gibt es gar nicht, aber das Vokabular in Minecraftia ist ein bisschen anders …)

Übrigens gab es heute Morgen im Unterricht etwas **Unruhe.** Perce hat **Max angeschnauzt,** also hat Max dieses Schild an eine der Puppen gehängt.

Zehn Minuten später kam Perce um nachzusehen, warum alle **um dieselbe Puppe** herumstanden.

Er war so wütend, dass wir alle **200 Runden um den Platz** laufen mussten, das ist **fast** so weit wie einmal um die Welt. Die Frühstückspause war so gut wie vorbei, als wir fertig waren. Aber das war es wert, nicht zuletzt, um Perces Gesicht zu sehen, als er das Schild las. Dafür würde ich auf **zehn Frühstückspausen** verzichten.

Offensichtlich sind in der Schule **die Verbesserungen** nach der Gebäuderichtlinie noch nicht durchgeführt worden. Es kann sein, dass die tiefen Fenster nicht gerade ideal sind, wenn man versucht, sich vor einer Horde Zombies zu schützen. Aber: **Ich sage nichts.**

Ihr fragt euch sicher, wie man **150 Schüler** hier hineinpferchen kann.

Antwort: **Es geht nicht.** Außerdem wird einem von dem Essen, das sie hier servieren, noch schlechter als von Pilzragout.

Darum bringe ich mir jeden Tag mein eigenes Frühstück mit.

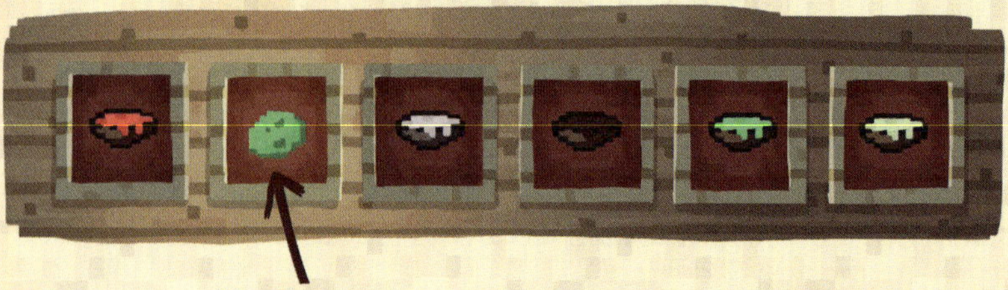

Seht ihr das **grüne Ding?** Das ist eine **gegorene Kartoffel,** die Spezialität des Dorfes. Sie wird nach einem **Geheimrezept** zubereitet. Für die Erwachsenen ist sie **eine Delikatesse** und sie macht nicht dick. Darum steht sie auch auf unserem Speiseplan. Außerdem machte ich keinen Scherz, als ich von **den Schleimen** sprach, die sie donnerstags servieren. Das ist die Schüssel mit dem **grünen Gelee** rechts. Natürlich sind es keine echten Schleime, auch wenn es so aussieht. **Es ist Grassuppe,** eine weitere **„regionale Delikatesse"**. Mein Großvater ist ganz versessen darauf.

Gut, ich sollte mit meiner Führung weitermachen, **so wahnsinnig interessant** ist es hier ja auch nicht. Außerdem bekomme ich von all dem nur Hunger.

Monster-
verteidigungs-
raum

Handwerks-
raum

Ich bin noch nie **über die** zweite oder dritte Etage hinausgekommen. Ich glaube die Lehrer machen dort **seltsame Sachen.**

Auf dem Platz vor der Schule gibt es viele Verkaufsstände.

Vor einiger Zeit ließ der Bürgermeister hier einen **Brunnen bauen.** Der alte Schmied, den alle Kohlkopf nennen, hat sich dort mal **die Füße gewaschen.** Seitdem **meiden** die Dorfbewohner den Brunnen.

Das ist **natürlich** mein **Lieblingsstand.** Hätte ich all meine Smaragde gespart, anstatt sie für **Süßkram** auszugeben, könnte ich mir heute dafür sicher **eine Diamantrüstung** kaufen.

Diesen Stand gibt es gar nicht ... aber er sieht klasse aus mit seinem Dach aus Akazien- und Birkenholz, das an einen **Riesenpilz** erinnert.

Da ist die **Fantasie** wohl mit mir durchgegangen. Tut mir leid. Aber warum entschuldige ich mich? **Es hat mich viel Mühe gekostet, das zu zeichnen!**

Schluss jetzt! Um ehrlich zu sein, habe ich euch gerade mal die Hälfte der Dinge gezeigt, die ich euch zeigen wollte, aber schließlich sollt **ihr ja auch nicht einschlafen.**

Ach ja! Brio hat mich bezahlt, also ging ich **shoppen.** Ich habe mir **eine Lederrüstung** *(ohne Helm)*, **ein Eisenschwert** und zwei **Zauberbücher** gekauft.

DER SCHROTT-NOOB

KAMPF

SCHÄRFE I

STÄRKE II

+ 8,25 SCHLAG

Dann ... traf ich **Pierre,** als ich den Schmied verließ. Er sah mich von oben bis unten an, bemerkte mein Schwert und **grinste mich an.**

– Du hast mir ein **Geschenk gekauft?** Wie nett!

– **Versuch er gar nicht erst,** sagte ich und zog mein Schwert zum ersten Mal. Es ist mit **Fluch des Noobs V** und **Eliminierung von Feiglingen VII** verzaubert.

Er hob die Arme und wich **einen Schritt** zurück. Dann kniete er sich mit erhobenen Händen hin.

– **Oh, nein! Gnade!** Verschone mich, ich bin nur ein armer Noob!

Zwei seiner Freunde kamen näher und begannen zu lachen, als sie uns sahen. Dann sind die drei zusammen abgezogen.

Pfff. Ich versuche, Pierre so gut es geht **zu meiden,** aber das klappt nicht immer. Wenigstens hat er meinen Kopf nicht in den Brunnen gedrückt, wie vor ein paar Tagen. Darüber sollte ich **froh** sein.

Tatsächlich ist das alles schon **gestern passiert.** Aber ich habe mich **so geschämt,** dass ich es nicht in mein Tagebuch geschrieben habe.

Ich wünschte, die Verzauberung **Fluch des Noobs** gäbe es wirklich.

Die würde ihm Beine machen.

DONNERSTAG

Heute Morgen sind **Brio und Kompanie** in der Schule aufgetaucht. Sie haben sich ein Büro im zweiten Stock eingerichtet und uns den ganzen Tag über beobachtet. Sie haben stichprobenartig **Inventare durchsucht** und Truhen inspiziert ...

Es ist echt schräg. Man kann nichts mehr machen, ohne beobachtet, überprüft, verfolgt oder befragt zu werden.

Anschließend haben die Dorfbewohner in den schwarzen Roben noch unseren Kampfkurs geleitet. Sie ließen uns **super lange rennen** und schrien uns währenddessen ständig an. Einer dieser schwarzen Typen hat Mastoc so heftig angeschrien, dass er ihn dabei bespuckte. **Armer Mastoc!** Er lief so schnell er konnte, hob Arme und Beine wie Kolben und sah dabei **vollkommen verängstigt** aus.

Ich nenne sie „schwarze Typen", weil ich nicht wirklich weiß, wer sie sind. Natürlich gehören sie zu **den Ältesten,** aber ich kenne ihre Namen nicht. Ich weiß nur, dass sie im Gegensatz zu Urf **keine Noobs** sind.

Das Schlimmste aber war, dass Pierre und Esmeralda von ihnen nicht **belästigt** wurden. Sie haben ihnen nicht eine einzige Frage gestellt, ihr Inventar nicht durchsucht und ihnen noch nicht einmal einen dunklen Blick zugeworfen.

Ich bin es leid.

Ich werde mich an den Gott des Donners wenden, damit er mich mit einem Blitzschlag in eine Hexe verwandelt.

Oder in einen **Enderkürbis.**

Oder in einen **Creeperman.**

Ich habe keine Ahnung, was ein **Creeperman** ist oder wie er lebt, aber **es ist mir egal.** Ich werde alles akzeptieren, denn es kann nicht schlimmer sein.

FREITAG

Erschien mein Leben gestern noch so unzerstörbar wie **Grundgestein,** ist dieses Grundgestein jetzt zerbrochen, obwohl ich nicht weiß, wie das überhaupt passieren konnte. Jetzt treibt mein Leben in Richtung **Ende.** Heute haben die Lehrer uns in **„Militäreinheiten"** eingeteilt. Bei einem **erneuten Angriff** durch die Monster müssen wir bei **unserer militärischen Einheit** bleiben und den Befehlen von Perce Folge leisten. Das macht ja auch Sinn. **Aber** ... schaut euch die Mitglieder **meiner Einheit** an:

Es war, als hätte der Bürgermeister die ganze Nacht Algorithmen berechnet, um mir bestmöglich **auf die Füße zu treten.**

Esmeralda war auch **nicht begeistert.** Sie wandte sich an Perce:

– **Das können Sie nicht machen!**

Als er nur lächelte, **wurde sie wütend.**

– **Mann!** Ich weigere mich, mit denen in einer Gruppe zu sein. **Vor allem mit ihm.** Dem passieren ständig **unsinnige Sachen.** Er ist ein Blitzableiter des Wahnsinns! **Ein Liebhaber von Problemen!**

Offensichtlich sprach sie von mir. *(Mir passieren unsinnige Sachen? Ich suche sie nicht! Sie passieren mir einfach!)*

In der **Schlacht von Samstag** habe ich doch gar nichts Unsinniges gemacht. Ich bin bei meinen Freunden geblieben, habe so gut ich konnte an ihrer Seite **gekämpft.** Ich habe sogar meinen Impuls unterdrückt, **Brio zu verfolgen.** Ihre **schrille** Stimme riss mich aus den Gedanken.

– **Und dann dieses seltsame Mädchen da!** Es ist absurd, mich mit ihr in eine Mannschaft zu stecken! Über Urf könnte ich auch einiges sagen, ich weiß gar nicht, wo ich anfangen soll. Er ...

Sie unterbrach sich, als Brio auf sie zukam.

– **Alles hat seinen Sinn.** Glaub mir!

Die **„Kriegsheldin"** senkte den Kopf und machte eine Faust, aber sie wartete, bis Brio sich entfernt hatte, bevor sie **laut seufzte.**

Hurrrggg.
Das wird ein Spaß.

Jetzt bin ich an **Bizarro-Girl, den bärtigen großen Noob** und **Prinzessin Heulsuse auf der Erbse** gefesselt. **Ganz übel!** Allerdings hat Mastoc es noch schwerer als ich. Er wurde mit **Blumbi,** den Klassenschlechtesten, in eine Einheit gesteckt. Er hat einen **Kampf-score von 1.** Ist das überhaupt möglich? Selbst eine Tür kämpft besser.

Also kurz gesagt, **es wird schon gehen.** Morgen ist keine Schule, also auch keine Attacke. Letzten Samstag haben uns die Monster ange-griffen, sie werden diesen Samstag sicherlich nicht **wiederkommen, oder?** Das wäre zu vorhersehbar ... **Jawoll!** Wir haben also nichts zu befürchten. Morgen werde ich angeln und Eis essen gehen und anschließend mit meinen Freunden rumhängen.

Der morgige Tag wird
100% supercool
und vollkommen normal.

SAMSTAG

– DU LÄUFST AUF DER FALSCHEN SEITE, DU NO ...

BUMM!!!

Was auch immer Perce **brüllen** wollte, es verlor sich im Lärm der **Explosion.** Hinter seinem Rücken konnte ich die zerstörten Straßen und Häuser sehen, die nun den Ruinen ähnelten, die man **im Nether** findet.

Esmeralda fand direkt die richtigen Worte:

„Das ist eine gute Werbung für die neuen Gebäuderichtlinien."

Überall brachen Feuer aus, manchmal bebte die Erde, und in den **Rauchwolken,** die durch die Straßen zogen, konnte ich kaum erkennen, mit wie vielen Monstern wir es zu tun hatten. Zweifellos aber waren es sehr viele.

– **Feuer!!!**

Ein Hagel aus Pfeilen wurde von den Dächern geschossen und verschwand im Rauch. Wir hatten **fast alle Bäume** des Parks gefällt und Hunderte von Pfeilen hergestellt. Die besten Bogenschützen wurden in **eine militärische Einheit** gesteckt und auf die Dächer geschickt. **Dort wäre ich auch gern gewesen.**

Unsere Einheit blieb auf dem Boden und sollte sich mit dem Schwert um die Feinde kümmern, allerdings hatten wir nicht allzu viel zu tun. **Die Lawine aus Pfeilen,** die auch die Lehrer verschossen hatten, hatte die Monster überrascht. Große Teile der Festungsmauer waren mit Pfeilen übersät, sodass man kaum noch den Stein darunter erkennen konnte.

Es war wirklich beeindruckend!

Wie bei der letzten Schlacht liefen die Monster **fort.** Einer führte **sogar** einen seltsamen Tanz auf,
bevor er weglief.

– **SCHNAPPT!!! DIE!!! ZOMBIES!!!**

Auf Perces Befehl hin **verfolgten** Hunderte von schreienden Dorfbewohnern die Monster ... unter ihnen auch Steve, Mike und meine zwei besten Freunde. Aus angemessener Entfernung **flogen** dann noch ein paar Pfeile von den Dächern hinter der Menge her.

Wir blieben auf unserem Posten **und standen auf Abruf.** Wir sollten die Schule bewachen, für den Fall, dass die Monster sich **eine List** überlegt hätten. Darüber hinaus sollten wir **Creeper daran hindern,** sich dem Gelände um mehr als 5 Blöcke zu nähern.

Perce drehte sich zu uns um. Er schrie nicht, sprach noch nicht einmal mit lauter Stimme.

– Bis auf weitere Befehle **bleibt ihr bei der Schule!**

Ich nickte. Alice nickte. Esmeralda nickte. Urf dagegen stand gar nicht mehr bei uns. Er lief ein paar Meter weiter weg, **als versuchte er zu fliehen.**

– **Was machst du?,** schrie Perce

Der Älteste drehte sich langsam um.

– Ich will ... **äh... eine Sache ...** verifizieren.

Der Kampflehrer lächelte und gab ihm ein Zeichen zurückzukommen.

Urf gehorchte – *allerdings unwillig, sehr unwillig. Er schien sich innerlich gegen die Laufrichtung zu sträuben.*

– **Gut,** sagte Perce. Benutzt die hier, wenn ihr ein Problem habt, aber lasst die Schule auf keinen Fall aus den Augen.

Er übergab Esmeralda **zwei blaue Feuerwerksraketen** und ein **Feuerzeug.** Dann drehte er sich um und stapfte durch Rauchwolke und Schutt, der ihm fast bis zu den Knien reichte, davon. Er verließ uns ohne **ein weiteres Wort.** Manchmal konnten wir in der Ferne Explosionen und Schreie hören. Wir aber waren allein. Natürlich wäre ich **lieber bei meinen Freunden** gewesen, doch ich musste **den Befehlen gehorchen.**

Hier war weit und breit kein Monster, und es sah so aus, als würde auch gar keins hierher kommen. Es könnte aber auch sein, dass Perce **Recht behielt.**

Ich seufzte und warf **einen Blick auf die Schule.**

SAMSTAG
DER BOSS - TEIL 1

Zu meiner Rechten hörte ich **Schritte.** Allerdings waren es eher **Füße,** die über den Boden **geschliffen** wurden.

Zombies.

– **Was höre ich da?!,** rief Urf und sah sich nach allen Seiten um. Dann stieß er noch ein **kratzendes** Geräusch aus. Der Älteste machte ein Gesicht wie ein **lächerlicher Creeper** und Geräusche wie ein Schweinezombie.
– Das sind Monster! **Ganz in der Nähe!** Ich höre sie!
– Wollen Sie **wohl still** sein, ja?, **flüsterte ich.**

Um zur Schule zu gelangen, hätten wir über den Kampfplatz laufen müssen, dabei hätten die Monster **uns ganz sicher gesehen.** Also machte ich ein Zeichen, damit alle sich duckten. Wir schlichen uns rechts an der Allee entlang. **Zitternd** hängte sich Urf bei Esmeralda ein.
– **Lass mich nicht allein!**
– **Hauen Sie ab!,** sagte sie und stieß ihn weg. Sie sind wirklich ein Angstha ...

In diesem Moment konnten wir **die ersten Zombies** sehen. Sie standen vor dem Brunnen. Mit ihren **tiefen, kehligen** Stimmen unterhielten sie sich in **dieser antiken Sprache**. Ich brauchte einen Moment, um zu erkennen, was **einer von ihnen in der Hand hielt.**

Esmeralda zog ihr Schwert.

– **Ich kümmere mich um Explodokus.**

– Nein, er gehört **mir!**

Ich umschloss mein Schwert **mit beiden Händen** und stürzte mich mit einem Kampfschrei auf den Zombie. Woher diese wahnsinnige Wut kam, weiß ich nicht. Ich habe einfach den Kopf verloren … als ich **den Zombie mit dem TNT** sah. **Das ist alles!**

Woher können sie das alles? **Sie sind Zombies.**

Zombies **stöhnen** vor sich hin und verbrennen in der Sonne. **Ja,** und sie verzweifeln an Türen mit einer Stufe.

Mein Schwert durchschnitt die Luft. Als es aber das Ziel erreichte … schien es auf **einen Block aus Stein zu treffen** und nicht auf einen Zombie aus verrottetem Fleisch. **Der Zombie stöhnte nicht,** er wurde nicht zurückgeschleudert und schien den Schlag gar nicht zu spüren … aber er schlug mich **so fest** zurück, dass ich fünf Blöcke durch die Luft flog und auf dem Rücken landete. Trotz meiner Rüstung verlor ich **4 Herzen. Verdammt viel** für einen einzigen Angriff!

Von den Schmerzen, die ich empfand, rede ich gar nicht.

Zehn Blöcke zu meiner Rechten blieb Esmeralda **kurz stehen,** bevor sie langsam in die zerstörte Straße zurückging. Urf war schon lange **weg.** Ich war am Ende. **Aus.** Doch dann kam **Alice** und half mit aufzustehen.

Was für eine Idiotin … Was machte sie hier?

Wir waren **eingekesselt** und die Zombies näherten sich **von allen Seiten.** Kurz darauf wurden wir von Dutzenden von Zombies umstellt.

Es gab keinen Ausweg.

Plötzlich ... **blieben sie still stehen**. Einige von ihnen lachten aus vollem Hals, bis sie keine Luft mehr bekamen ... **ehrlich.** Ihr tiefes Lachen breitete sich auf dem ganzen Platz aus. Dann bemerkte ich die **die Partikel, die aus ihren Körpern aufstiegen.**

Rote Partikel.

Das bedeutete, dass sie **Tränke der Stärke zu sich genommen hatten** ... Gemessen an den Schlägen, die sie verteilen konnten, könnte es sich sogar um **Tränke der Stärke III** handeln. Ich sah auch **kleine graue Partikel,** wusste aber nicht, zu welchem Trank sie gehörten.

Nach einem erneuten, ausgedehnten Lachanfall kamen die Zombies wieder näher, einer nach dem anderen und **uuultra langsam.** Es schien, als wollten sie **unsere Qual auch noch verlängern.**

Mit durchdringender, tiefer Stimme begann ein Zombie **zu sprechen.** Es war ein **unverständliches Kauderwelsch,** die Sprache der **Zaubertische und der Hexen,** längst vergessene Worte aus alten Zeiten. Doch auch wenn ich kein Wort verstand, wusste ich, was er sagen wollte: **Wir waren erledigt.** Es gab keine Möglichkeit, dem zu entgehen.

Keine.

Ein metallisches Geräusch unterbrach die Ansprache dieses durchgedrehten Zombies. **Alice.** Zum ersten Mal in einer Schlacht hatte sie ihr Schwert gezogen. Ich warf einen Blick auf sie und erkannte, dass sie anders als zuvor **kein bisschen zitterte.** Im Gegenteil, sie stand **absolut still.** In dem Maße, in dem ich **immer schwächer** wurde, schien sie **immer stärker** zu werden.
Ihr Mut war **beeindruckend,** aber er würde nichts ändern. Die Zombies waren **unfassbar stark** und **superresistent.**

Sie kämpfte also, obwohl es **keine Hoffnung** gab ...
Und ich hatte sie all die Zeit **ignoriert** ...
– **Lauf!,** sagte ich. Ich lenke sie ab, einverstanden? **Geh!**

SAMSTAG
DER BOSS - TEIL 2

Ich ...

Ich habe **nicht wirklich verstanden,** was danach passiert ist. **Mir fehlen die Worte.** Nach nur zehn Sekunden war der Boden **mit grauen Staubhäufchen übersät.** Einen langen Augenblick konnte ich überhaupt nicht reagieren, mein Gehirn stand still wie **eine überhitzte Redstonemaschine.** Ein leichter Wind verstreute den Staub von den **Haufen. Alice** fixierte den Boden, ihre Miene war **verschlossen.**

– Das darfst du niemandem erzählen.

– Aber ... du hast dein Talent **die ganze Zeit** versteckt?

Keine Antwort ...

Sie hatte mir den Rücken zugewandt. Ich beobachtete sie eine

Weile, doch als mir klar wurde, dass sie **nichts mehr sagen würde,** betrachtete ich das Gemetzel, dass sie verursacht hatte. Zwischen den Überresten der Zombies lagen **haufenweise Gegenstände.** Rüstungen, Schwerter, Bögen, Pfeile, Feuerzeuge ... zahlreiche Werkzeuge und **noch mehr Tränke.** Da war sogar **ein Knochen.** Offensichtlich wussten die Zombies, wie man einen Koffer packt, vor allem der Zombie, den Esmeralda **Explodokus** genannt hatte. Das TNT lag noch neben **seiner Asche.** Wenn wir hier nicht Wache geschoben hätten, hätte es die Schule **zehnmal schlimmer** getroffen als die Straße. **Gut gemacht,** Perce. Wenn alles zu Ende ist, haben Sie einen Kuchen verdient.

Ich sammelte alles auf und rechnete dabei schnell **die Smaragde** zusammen, die diese Gegenstände mir bringen würden. Wo wir gerade von Wertsachen sprechen, Esmeralda kam **mit zwei Eisengolems** zurück. Im Grunde war ihre Idee ja gar nicht schlecht. Sie **riss die Augen auf,** als sie das Schlachtfeld sah.

– Was ist denn hier passiert?

– Es ist ... **kompliziert.**

Der Erdboden erzitterte. **Ein tiefes Lachen** erklang aus der Ferne.

Doch dieses Mal
war es kein Zombie.

SAMSTAG
DER BOSS – TEIL 3

Im Süden, etwa 50 Blöcke hinter der zerstörten Straße erschien **die Legende in Person: Urkk, der tödliche Peitscher.**

Zwischen seinen **riesigen** Beinen glitten **zwei Creeper,** die verglichen mit seiner Größe wie zwei Küken erschienen. *(Vielleicht sollte ich noch erwähnen, dass einer der Creeper bläulich schimmerte.)*

Esmeralda machte **einen Schritt zurück.**

– **Wow!** Sie wollen **tatsächlich, tatsächlich** die Schule einnehmen. Ich glaube, wir müssen einen **Kompromiss** finden. Wir erlauben ihnen, den Sportplatz zu **zerstören.** Dann kesseln wir sie zwischen uns ein und ziehen die Schlinge zu. Danach werden sie **uns zu Diensten** sein!

Die beiden Eisengolems **liefen zum Angriff.** Alice folgte ihnen mit eingezogenen Schultern. Esmeralda und ich **rannten hinterher.**

– **Wartet!** schrie ich. Wir müssen ...

Ich hatte zwar gelesen, dass Urkk in der Lage war, Monster über große Entfernungen zu werfen, dennoch war ich überrascht, als der Creeper angeflogen kam. Sein Gesicht wurde immer größer ...

Ja, er kann so etwas wirklich!

Wir mussten uns **in Deckung** bringen. **Snarks Kneipe** war der nächstliegende Unterschlupf.

Ein Aushang an der Tür besagte, dass Steve ihm 67 Smaragde schuldete. Ich glaube, er hat **eine Wette** bei einem der Golemrennen **verloren.**

Ich **trat** die Tür ein.

Es ist eine gemütliche Kneipe! Mastoc und ich waren früher oft hier. Sie machen einen sehr guten Tee. **Leider** aber hatten wir heute keine Zeit, Tee zu trinken. Aber wir hatten einen Unterschlupf, und **darauf kam es ja an.**

Snark hatte immer behauptet, dass seine Kneipe das einzige Gebäude war, dass **dem Creeperangriff von 1511** standgehalten hatte. Wir ahnten also nicht, dass Alice, Esmeralda und ich **die drei kleinen Schweinchen** waren und **der geladene Creeper** der große böse Wolf.

Und die Kneipe von Snark?

Ein Haus aus Stroh.

Vielleicht hatte Snark vergessen zu erzählen, dass die anderen Häuser 1511 aus Erde oder aus Gras gemacht waren.

Snark hatte vergessen, ein Schild anzubringen: „Zutritt für geladene Creeper verboten".

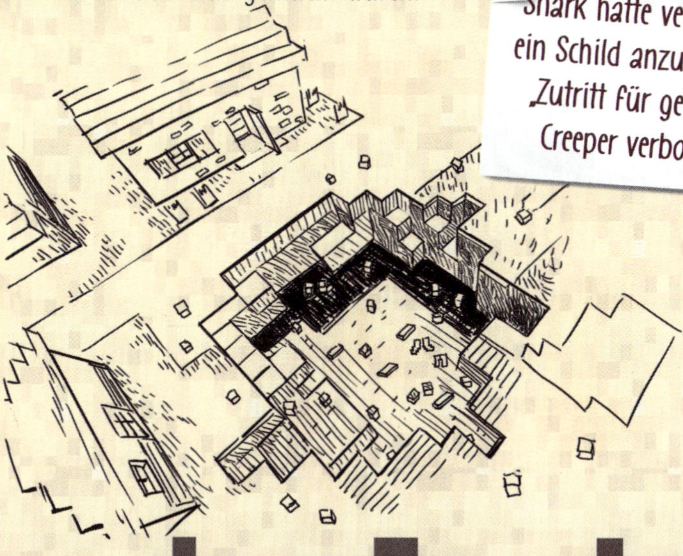

Als der Rauch sich etwas gelichtet hatte, konnte ich **die Eisenbarren im** Krater erkennen. Sie waren alles, was von den Golems geblieben war ... Die Explosion hatte sie **voll erwischt, die Armen.**

(Da war auch ein Lederhelm, der einem Zombie gehört hatte, wahrscheinlich war er uns gefolgt.)

Alice **entfernte** sich ohne ein Wort. Sie rannte **so schnell,** dass ich ihr nicht folgen konnte. Dann setzte sie zum Sprung an – *über mindestens 5 Blöcke,* ***unglaublich!*** – und schlug Urkkk **auf den Kopf!** Nachdem, was ich gelesen hatte, wusste ich, dass Urkk **viele, sehr viele** Lebenspunkte hatte, dennoch ließ Alices Angriff ihn taumeln und **zerbrach** sogar **seinen schwarzen Helm!**

Doch ... kaum war sie wieder auf dem Boden, **schlug er** mit seiner **tödlichen Peitsche** zu. Ich konnte nur zusehen, wie die **Peitsche Alice traf,** und Urkk dann auch noch mit seinen **riesigen** Fäusten auf sie einschlug. Es sah aus, als würde ein Eisengolem ein Kaninchen erschlagen. **Alice flog davon ...** Sie verschwand hinter dem Dach eines Hauses. Es wird ihr gutgehen, redete ich mir ein. Sie hat sicherlich **noch mehr Lebenspunkte** als Urkk.

Aus dem rauchenden Krater blickte Esmeralda auf die geschmolzenen Reste der Golems, dann in den Himmel, in dem Alice verschwand und schließlich auf den **gigantischen** Schweinezombie mit seinen

roten Augen und seiner seltsamen Angel, der Creeper **25 Blöcke durch die Luft schleudern** konnte.

Während sie über die Situation nachdachte, blieb sie ganz ruhig. Schließlich sagte sie:

– Gut, es ist, wie es ist, **aber ich bin weg.**

Auch ich sah mich um, nachdem sie gegangen war. Ich blickte hierhin, ich blickte dorthin ... **Das Problem war:** Auch Urkk hatte Augen.

Sie **fixierten** mich.

Hurrrggg ... Das war nicht gut!

SAMSTAG
DER BOSS – TEIL 4

Für einen kurzen Augenblick wollte ich einfach **nur weg sein.** **Okay,** denk nach! Was hatte Max über Urkk und seine Höhenangst gesagt? Schon bei **5 Blöcken.** Aber hier war nichts als Stein. **Was für ein Pech!** Ich hatte nicht die Zeit, ein Loch zu graben, dass tief und breit genug wäre, um ihn zu ängstigen. Dazu hätte ich **eine verzauberte Diamanthacke** gebraucht!

(Man könnte fast sagen, all deine genialen Pläne haben einen Haken, Max.)

Da hilft nur eines:
weglaufen!

Ich **kletterte** aus dem Krater und **rannte** Richtung Kampfplatz. **Auch Urkk rannte los,** und lasst mich euch sagen ... ich habe nie darüber nachgedacht, wie schnell ein Schweinezombie wohl laufen kann. **Nun gut, jetzt weiß ich es: sehr schnell!**

Er hatte mich fast eingeholt, als ich den Kampfplatz erreichte. Ich warf einen Blick nach hinten und sah, wie er **seine Peitsche hob ...**

... **gerade noch rechtzeitig** warf ich mich zur Seite. Mit einem **schrillen Pfeifen** sauste die Angelschnur direkt an meinem linken Ohr vorbei.

Urkk brüllte mit schwerer und tiefer Stimme.

– Du bist schnell wie ein Hase! Ich liebe Hasenragout!

Ha, ha, ha!

Da ich also nicht **wegrennen** konnte, musste ich mich verstecken. Vielleicht könnte ich in einem Versteck lang genug **überleben,** bis jemand kam, um mich zu **retten.**

Ach, übrigens ... **wo sind sie, all die anderen?!** Sie scheinen beschäftigt zu sein. Aber es gab ja noch ein paar Eisengolems ...

Schritt 1 – Ein Loch graben.

Schritt 2 – Sich darin verstecken.

Schritt 3 – Warten, bis die Golems mich retten.

Ihr seid **beeindruckt?** Tja, **ich nicht. Ich nicht.** Aber es war das einzige, was ich tun konnte. Wenn ich allerdings ... im Freien graben würde, würde Urkk **seine Todespeitsche nach mir auswerfen,** und ein Treffer wäre das **Ende** von Minus.

Ich brauchte irgendeinen Unterschlupf in der Nähe. Das nächste Versteck war ausgerechnet ... **der Pilzragoutstand.** Ich habe wirklich **kein Glück** heute. Aber der Stand hatte **ein kleines Dach,** unter dem ich mich verstecken konnte. Der Riesenschweinezombie warf **seine Peitsche** nach mir, und **ich wich ihr erneut** aus.
Dann sprang ich hinter die Theke.

Ein **brauner Pilz** wuchs aus dem Boden. Ich hatte noch immer meine Schaufel und **begann sofort zu graben.** Ich konnte nur seine **stämmigen** Beine sehen. Die Erde bebte, als er einen Schritt nach vorne machte.

Der zweite Creeper war mittlerweile auch da,
Urkk hob ihn auf ...

Ich hörte ein **dumpfes Geräusch** direkt über meinem Kopf. **Dann ein Zischen.** Ja, Urkk hatte den Creeper direkt **auf den Stand** geworfen. *(Diese Monster sind wirklich gründlich!)*

Ich suche nach dem Fachbegriff, um die Situation zu beschreiben … **ach ja: „Holzsplitter“.** Holzsplitter **überall.** Der Rauch löste sich auf, und ich konnte Urkks Gesicht erkennen. Er **blickte mich an und** hob seine Pranke, **um seine Peitsche zu werfen. Es war zu Ende.** Er würde mich roh **verspeisen.** Wenigstens mussten Max und Mastoc das nicht mit ansehen. Hoffentlich ging es **Alice gut …** Doch dann geschah **etwas Unglaubliches …**

Jello war gekommen.

Er sprang auf die Theke und **hüpfte** vor mir auf und ab. Der Riesenschweinezombie **verzog das Gesicht und zitterte vor Wut.**

– Verschwinde!!!

Jello hüpfte weiter und gab dabei **seltsame Geräusche** von sich. Wollte er mich etwa ... **beschützen?!**

– **Hau ab,** Du Miniaturschleim! **Die Beute gehört mir!!!**

Noch mehr Hüpfer, noch mehr Gequieke. **Gut,** war echt sehr nett, dass Jello gekommen war, um mich zu retten, aber er konnte **nicht viel** ausrichten, mir allenfalls ein wenig Zeit verschaffen.

Plötzlich kamen mir diese Worte in den Sinn:

„ ... hat Angst, mehr als 5 Blöcke zu stürzen ..."

Eine Idee formte sich in meinem Kopf. Es würde **nicht einfach** werden, das wusste ich, aber es könnte funktionieren ...

Ich sah mir die zersplitterten Holzbretter um mich herum an, dann den Pilz, der aus dem Boden wuchs. Dann den Knochen, das Feuerzeug und das TNT, das ich immer noch in meinem Inventar hatte. **Ja,** Stück um Stück **entwickelte** ich einen **vollkommen** lächerlichen Plan. Ich wusste nicht einmal, ob er überhaupt funktionieren würde.

– Jello! **Lenk ihn ab!**

Quiek! *(War das Schleimisch für „einverstanden"?)*

Mit zitternden Händen nahm ich mir vier Holzbretter und baute mir eine **Werkbank.** In der Zwischenzeit brüllte Urkk mein Haustier an.

– Nur noch ein paar Minuten, Jello!

Quiek!!! Quiek!!!

Ich verwandelte den Knochen in ein paar **Handvoll Knochenmehl.**

Urkk war mit seinen Beschimpfungen beschäftigt.

– Du hast dich mit dem Feind verbündet! **Verräter!!!** Du erleidest jetzt dasselbe Schickasl wie dein ... **Freund!!!**

Der Schweinezombie hob den Arm.

– Jello!!! Lauf!!!

Ich **warf den Schleim weit fort** und hockte micht hinter die Theke, wo Urkk mich nicht erreichen konnte.

Es **krachte** laut, als die Peitsche in das Holz vor mir einschlug. Urkk stieß einen neuen Schrei aus und **stapfte näher.**

Bumm, bumm.

Jetzt war er **direkt vor mir.** Er sah mich an, sein Gesicht direkt über mir, und **leckte sich die Lefzen.**

Ich **rannte** los, obwohl ich wusste, dass die Peitsche mich treffen würde. Mit einem **furchtbaren Pfeifen** flog sie durch die Luft. Trotzdem drehte ich mich um und **wurde getroffen.**

...

Au! Urkk hatte die Peitsche mit **voller Wucht** geschleudert. Es war zwar nur eine verbesserte Angel, aber es tat **super weh.** Ich hatte mich gerade wieder aufgerappelt, als Urkk seine riesige Faust auf meinen Kopf schmetterte.

Ich **fiel wieder** auf den Boden und verlor noch ein paar Herzen.

Der braune Pilz befand sich vor mir oder besser noch, er befand sich direkt **unter Urkk.** Der Schweinezombie hatte einen Fuß gehoben, um mich in **ein Dorfbewohnerragout** zu verwandeln, als ein Pfeil durch die Luft ZISCHTE und ihn mitten ins Gesicht traf.

Alice?

Sie war am Leben!

Der Pfeil hatte ihm nicht viel anhaben können, aber er hatte seinen Fuß wieder abgesetzt und einen kurzen Moment nicht in meine Richtung gesehen. **Das genügte.** Ich nutzte die Zeit, um den Pilz mit Knochenmehl zu bestreuen. Kleine, grüne Partikel wirbelten durch die Luft ... der Pilz wurde **sofort größer** ... und er trug Urkk in die Höhe.

Es war unglaublich!

Der Pilz hielt nicht nur **Urkks Gewicht** stand, sondern schaffte es auch noch, **ihn mit in die Höhe zu heben.** Mit seiner Höhenangst musste er sich nun fühlen wie ein von 50 Hunden umzingeltes Skelett oder wie ein Enderman auf einer winzig kleinen Insel mitten auf dem Meer ... **Ich denke, ihr könnt es euch vorstellen.**

– Das werdet ihr bereuen! **Herobrine ist auf dem Weg!**

Ich **achtete nicht** auf sein Geschrei und nahm das **TNT** aus meinem Inventar. Es blieb nur noch eine Sache zu tun.

Ich zündete den Docht, ergiff Jello und **rannte los.** Urkk dürfte viel zu sehr **in Panik** sein, um von seiner Peitsche Gebrauch machen zu können. Er stand wie **gelähmt** auf seinem Riesenpilz, während ich davonrannte, so schnell ich konnte.

– Du … du … !!! Uaaaaaaag !!!

Dann kam das **Gewitter** aus Pilz und Riesenschweinezombie. Die hohen Gräser bewegten sich im Luftzug. **Erfahrungspartikel** wirbelten umher. Als der Wind sich wieder legte, landete Urkks Angel fünf

Blöcke vor uns auf dem Boden. Ich streichelte Jello, während ich mich fragte, wie er wohl aus seiner Truhe gekommen war.

– Guter Schleim.

Quiek!

Erst in diesem Moment **spürte ich die Schmerzen.** Mir wurde rot vor Augen, und meine Lebensleiste hatte dieselbe Farbe. **Ein halbes Herz.** Mir war nur **ein halbes Herz** geblieben. Ich lehnte mich gegen eine Wand, alles flackerte vor meinen Augen.

Kurz darauf

war alles schwarz.

SONNTAG

Kein Grund zur Sorge, **es ist alles gutgegangen!**

Ich bin nicht allzu **glücklich,** dass nur Alice gesehen hatte, wie ich **Urkk, den tödlichen Peitscher** getötet hatte, aber ich sollte mich nicht beklagen. **Ich bin am Leben.**

Nachdem ich wieder aufgewacht war, wollte ich unbedingt Alices Register sehen. **Sie zeigte es mir.**

ALICE
SCHÜLERIN
LEVEL 98

BERGBAU	97%
KAMPF	100%
HANDEL	91%
LANDWIRTSCHAFT	100%
ARCHITEKTUR	100%
HANDWERK	100%

Wie sich herausstellte, hatte sich jeder in der Schule **mächtig getäuscht.** Alice war von Anfang an die **Beste.** Damit ist Pierre also der **zweite**, Esmeralda die **dritte** und so weiter.
Sie also war die **mysteriöse** Schülerin in der Rangfolge.

Mein eigener Level kommt mir irgendwie bekannt vor!

MINUS
SCHÜLER
LEVEL 81

BERGBAU	57%
KAMPF	89%
HANDEL	100%
LANDWIRTSCHAFT	79%
ARCHITEKTUR	95%
HANDWERK	68%

Ich bin der fünfte. Alice, Pierre, Esmeralda und Max sind vor mir.
Ein klitzekleiner Fehler und aus meiner Karriere als Krieger wird nichts.

Aber eigentlich müsste der Bürgermeister uns allen erlauben, **Krieger zu werden**, oder? **Die Zeiten sind schlecht.** Vielleicht sollte ich endlich aufhören, ständig über **diese Top 5** nachzudenken. **Vielleicht auch nicht.**

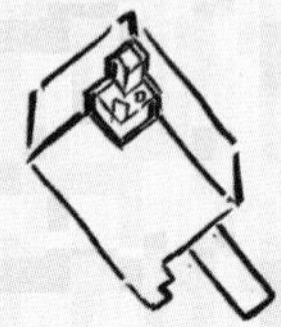

Wir sind zusammen ein Eis essen gegangen, **Alice und ich.** Sie hat mir von sich erzählt.

– Als ich gemerkt habe, dass alle nur noch im Konkurrenzmodus waren ... wusste ich, dass ich mich besser **im Hintergrund** hielt. Auf diese Weise machten mir so kleine Brutalos wie Pierre auch **keinen Ärger.**

– Warum bin ich nie darauf gekommen? **Ach! Warte mal ...**

Erinnerst du dich an den Unterricht im Bogenschießen? **Du hast nicht besonders gut gezielt.**

– Das habe ich **mit Absicht** gemacht. Weißt du noch, nach fünf Schüssen ...

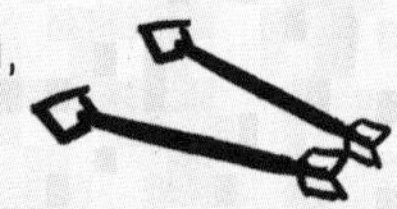

Ah ja! Das stimmt.

Ich habe das Gefühl, **dass sie immer noch viel verschweigt** – *ganz offensichtlich ist sie kein normales Dorfbewohnermädchen* –, denn sie spricht nicht von **ihrer Familie** oder ihrer Herkunft oder über irgendetwas **Persönlicheres**.

– Ich habe dich verfolgt, weil mein Vater das wollte. Er **beobachtet dich bereits seit längerem.** Er denkt, dass das Dorf dich braucht.

– Mich braucht? **Wie das?**

Wie in Gedanken **versunken** schaute sie in den blauen Himmel.

– Du bist vielleicht nicht der beste Schüler, aber mein Vater vermutet **ein enormes Potenzial** in dir.

– **Echt?**

Es war das erste Kompliment, das sie mir machte.

– …

– … Und wer ist dein Vater?

– …

– Also?

– Das weißt du **sehr gut.**

Hurrrggg.

Ich hatte **keine Ahnung …** Irgendwer hatte mal erzählt, ihr Vater sei ein **superreicher** Bergarbeiter, aber wer weiß? **Ach!** Ich habe auch herausgefunden, wer Jello freigelassen hat. **Sie war es!** Nachdem sie den Schlag von Urkk abbekommen hatte, war sie zu mir gerannt und hat sich ihn **geschnappt.** Sie glaubte, er könne vielleicht mit dem Schweinezombie reden, da doch beide **„Monster“** waren. Einen Versuch war es wert, und ich habe immerhin die Zeit gewonnen, die ich brauchte, um **den Boss in die Luft zu sprengen.**

Natürlich fragte ich sie, woher sie von **Jellos Existenz** wusste, ich hatte nie mit ihr über ihn gesprochen.

– Es war Mastoc, **nicht wahr?!**

– Äh ... nein ... Ich habe einmal gesehen, wie du mit ihm gespielt hast. Durch das Fenster in deinem Zimmer ...

...

Die Situation des Dorfes wurde mittlerweile **immer ernster.** Der zweite Angriff führte zu einer allgemeinen Panik, und der Bürgermeister beschloss, die Gebäuderichtlinien und noch einige andere neue Gesetze nun rigoros durchzusetzen. Das Dorf wurde immer **grauer ...** Stein und Eisen überall ...

Die schwarzen Dorfbewohner **belästigten** uns nun täglich in der Schule.

– Studiert **mehr!** Lauft **schneller!** Was glaubt ihr, was die Monster jetzt machen? **Sie üben!** Sechzehn Stunden am Tag!

– Spione und Verräter kommen **ohne Prozess ins Gefängnis. Erzählt es uns,** wenn ihr glaubt, dass ein Nachbar oder jemand in eurer Umgebung den Feinden Informationen zukommen lässt ...

– Zur **Sicherheit** aller im Dorf inspizieren wir systematisch Truhen und Inventare ...

– Jeder, der sich nach Sonnuntergang innerhalb des Dorfes im Freien aufhält, **wird festgenommen und verhört …**

…

Als Letztes möchte ich euch noch erzählen, dass **riesige** Bauvorhaben im Gange sind. Große Areale wurden ausgegraben, damit die Bäume nicht wurzeln können. **Wachen** werden nachts auf der Festungsmauer platziert. **Ein neuer Turm wird gebaut.** Er ist so groß, dass man herannahende Feinde frühzeitig entdecken kann. Wir können es uns nicht erlauben, noch **einmal so überfallen** zu werden. Große Übel erfordern **große Taten.** Auf diese komplett absurden Angriffe antworten wir also mit komplett absurden Verteidigungen. **So einfach ist das also.**

Und Herobrine soll sich doch eine gegorene Kartoffel kochen!

BIOGRAFIE DES AUTORS

Cube Kid ist das Pseudonym von Erik Gunnar Taylor, einem jungen Autor aus Alaska, USA.

Als großer Freund von Computerspielen – und vor allen von Minecraft – entdeckte er sehr bald seine Leidenschaft für das Schreiben von Fanfiction.

Sein erstes Buch erschien im Februar 2015 als E-Book und wurde von der Community der Minecraft-Spieler sofort mit großer Begeisterung aufgenommen.

Im Februar 2016 erschien das Buch in Frankreich in gedruckter Version – mit Illustrationen von Saboten. Und das ist erst der Beginn seiner Reise um die ganze Welt!

Wenn er nicht gerade schreibt, reist Cube Kid gern, bastelt an seinem Auto, verschlingt Fanfiction ... und spielt sein liebstes Computerspiel!

BAND 1

ISBN 978-3-7415-2057-0

BAND 2

ISBN 978-3-7415-2106-5

BAND 3

ISBN 978-3-7415-2217-8

BAND 4

ISBN 978-3-7415-2232-1

BAND 5

ISBN 978-3-7415-2295-6

BAND 6

ISBN 978-3-7415-2325-0

BAND 7

ISBN 978-3-7415-2768-5

KATER IM NETHER-REIHE

EIN KATER IM NETHER 1

ISBN 978-3-7415-2312-0

EIN KATER IM NETHER 2

ISBN 978-3-7415-2418-0

MINUS IN NEUEN COMIC-ABENTEUERN

BAND 1

ISBN 978-3-7415-2477-6

BAND 2

ISBN 978-3-7415-2491-2

BAND 3

ISBN 978-3-7415-2680-0

BAND 4

ISBN 978-3-7415-2730-2

BAND 5

ISBN 978-3-7415-2868-2